Édito

Une fois encore, toute l'équipe de Spirou a mis les bouchées doubles pour égayer vos vacances de grands éclats de rire. Près de deux cents pages de B.D. et de jeux à consommer sans modération, tout au long de vos longues journées d'oisiveté !

Cette fois, ce sont Le Petit Spirou, Mélusine, Les Femmes en Blanc, Pierre Tombal, Les Zorilles, Le Garage Isidore, Kid Paddle, Les Crannibales, Les Psy et Les Gosses qui vous tiendront en haleine avec des tonnes de gags hilarants. Entre deux hoquets, reprenez votre souffle avec les jeux délirants que nous vous avons concoctés !

Bonne humeur garantie !
Bonnes vacances, les amis !

Spirou

Le Petit Spirou

Tome & Janry

PISCINE MUNICIPALE

AH ! TE VOILÀ ! TU AS RÊVASSÉ EN CHEMIN, MMH ?!
HEURRRMMOUI, M'SELLE JENNIFER ...
VESTIAIRE GARÇONS

ÇA Y EST ! POUR LA PROF' DE NAT' ! J'AI TROUVÉ !
HEIN !?
?
?
QUOI ?

C'EST VRAI ?!
T'AS VRAIMENT TROUVÉ COMMENT ENTRER DANS SA CABINE PENDANT QU'ELLE...
...QU'ELLE SE DÉSHABILLE !?
PARFAITEMENT !

ET IMPUNÉMENT, ENCORE !
...SANS TE FAIRE PIQUER ? T'ES SÛR ?!
HEIN ?! SANS SE FAIRE PRENDRE ?! POUAH, C'EST DÉGOÛTANT !

TOME & JANRY

D'ABORD, C'EST MÊME PAS POSSIBLE, D'ABORD !
PF ! J'VOUDRAIS VOIR ÇA ! J'PARIE UN MILLION QUE NON !
ET MOI, UN MILLIARD !
VERTIGNASSE ! PRENDS LES PARIS ET VOUS AUTRES, REGARDEZ !
D'ABORD

TIK
TIK
TIK
TIK

Le Petit Spirou

Tome & Janry

TOME & JANRY.

BOUGLI
Giii

GUU?

PFF
MGNFF
BOUFFL

AOUMF

?
APFT
POC

?
?
?
?

!
GAAAH!

GIBOUOU ♪

TOME & JANRY

IL DOIT ENCORE ÊTRE FÂCHÉ PARCE QU'IL NE M'ADRESSE PLUS LA PAROLE.
PFF! RANCUNIER!
147

ALLONS, SUZETTE, TU NE FAIS PAS UN GROS CÂLIN À LA BABYSITTER ?

J'LA CONNAIS PAS, CELLE-LÀ ...
L'AUTRE A ÉTÉ EMPÊCHÉE MAIS MADEMOISELLE...
PRUDENCE.
...PRUDENCE S'EST PROPOSÉE. PROMETS-LUI D'ÊTRE SAGE !

ELLE EST À VOUS POUR LA SOIRÉE. SOYEZ FERME POUR L'HEURE DU LIT. HEM... ELLE EST UN PEU DIFFICILE EN CE MOMENT, DÉJÀ L'AMOUR EN TÊTE.
LA CHARMANTE ENFANT.
VIENS, CHÉRIE ! IL EST TARD.

1

PSSS... SUZETTE !

DEVINE QUI VIENT DÎNER CE SOIR !
!
BABY. ÇA VA ÊTRE LA SOIRÉE DE L'ANNÉE ! OÙ EST LE TÉLÉPHONE ?

HÉ ! PAS DE CHANCE ! RAOULETTE NE PEUT PAS VENIR ! LA SCARLATINE !
QUOI ?!

ÉCOUTE, JE...
COMPRIS ! AMUSEZ-VOUS ! CH'UIS PAS DU GENRE À TENIR LA CHANDELLE.
ALLEZ, SALUT !

COMME C'EST GENTIL ! IL NOUS A LAISSÉS SEULS...
J'AURAIS FAIT PAREIL ! HUM... PENSONS PLUTÔT À NOUS... OH ! QUE VOIS-JE ?!

TOME & JANRY

IL EST L'HEURE, J'AI PROMIS DE TE METTRE AU LIT.
SI TU N'ÉTEINS PAS LA LUMIÈRE, J'TE MONTRERAI MA COLLECTION DE CHENILLES !
D'ACC.

BIEN PLUS TARD...
SALUT, C'EST NOUS ! TOUT S'EST BIEN PASSÉ ?
!

HÉ HÉ, COMME SUR DES ROULETTES !
146

Le Petit Spirou

Tome & Janry

HEM... BROM... DONNEZ-MOI "SEXY-TABOU" HEM.

"SEXY-TABOU" ?! VOUS AVEZ BIEN DEMANDÉ "SEXY-TABOU", LE MAGAZINE COQUIN QUI VOUS EN FAIT VOIR DE TOUTES LES COULEURS ET POUR TOUS LES GOÛTS, C'EST BIEN ÇA ?

HONORINE !

TU LE METS OÙ, "SEXY-TOUNU" LE MAGAZINE QUI VOUS EN
OIR DE TOUTES...?
"SEXY-TABOU"
POUAH ! À SON ÂGE !
SUR L'ÉTAGÈRE DU DESSUS, HORS DU REGARD DES ENFANTS, ENTRE "PARIS-FRIPON" ET "GROLOLO".

VOUS VOULEZ LEQUEL ? LE NUMÉRO NORMAL OU LE SPÉCIAL "BRONZAGE INTÉGRAL" AVEC LE TRIPLE POSTER CENTRAL GRANDEUR NATURE ?
SATYRE !

DITES ! POUR MOI, CE SERA "LAINE ET TRICOT", SI ÇA NE FROISSE PAS QUE JE PASSE DEVANT. MONSIEUR POURRA AINSI FAIRE SON CHOIX SANS RETARDER INUTILEMENT LES HONNÊTES GENS !
"LAINE ET TRICOT" ET "SEXY-TABOU" CINQUANTE FRANCS CHACUN.

IL DEVRAIT Y AVOIR DES LOIS CONTRE DES CHOSES PAREILLES, OU ALORS DES MÉDICAMENTS...
BIEN D'ACCORD AVEC VOUS ! D'AILLEURS, MOI, JE NE LES VENDS QUE PARCE QU'IL FAUT BIEN VIVRE, MAIS...
C'EST ÇA, AU PLAISIR.
Y EN A QUI NE SE CALMENT VRAIMENT QUE DANS LA TOMBE.

TOME & JANRY

C'EST LA DERNIÈRE FOIS...

...POUR LES SUIVANTS, TES COPAINS ET TOI, VOUS N'AVEZ QU'À ATTENDRE D'AVOIR L'ÂGE !
"LAINE ET TRICOT" ?! MAIS, HÉ ! Y A ERREUR !
142

Le Petit Spirou

Tome & Janry

?!

HORS DE MON TAPIS DE BAIN AVEC TES POILS ERRANTS, VAGABOND À PATTES !!!
KAÏ!

CE N'EST PAS BIEN DE FRAPPER VESSIE, C'EST UN BON CHIEN !
?
ADADAS

ET D'ABORD, IL NE VOUS A RIEN FAIT, D'ABORD !
LAISSE, SUZETTE ! LE BON DIEU FAIT PLEUVOIR LES CALAMITÉS SUR CEUX QUI BRUTALISENT LES ANIMAUX !
J'L'AI PAS FAIT EXPRÈS, LÀ !
ALLEZ JOUER !

ZZZ ZZZ
AU SECOURS! AU SECOURS!
ZZZ

AU SECOURS ! MAÎTRE NAGEUR!
CIEL!

COURAGE, GENTE DAME, J'ARRIVE!

FLOUCH FLOUCH FLOUCH
TOME & JANRY

MON CHEVALIER! MON HÉROS!
TENEZ BON, MA MIE!

HORREUR! UNE VAGUE ÉNORME...

ZZZZ
ELLE VA NOUS SUBMERGER ELLE ...

QUI A DIT "DEUX BOUDINS BLANCS"?!
AUJOURD'HUI: leçon de course-relais (exercice pratique)

NON, MÔSSIEUR SPIROU ! IL S'AGIT EN FAIT DE DEUX TÉMOINS DE COURSE RELAIS ! POSTEZ-VOUS IMMÉDIATEMENT EN DEUX ÉQUIPES, LÀ-BAS, LE LONG DU PARCOURS. PONCHELOT ET MOI ASSURERONS LE DERNIER RELAIS DE CHAQUE ÉQUIPE !
ALLEZ, HOP !

UNE MINUTE PLUS TARD...
PRÊTS ?
PARTEZ !

ET TOI, MON BONHOMME, ACCROCHE-TOI À TON SLIP. TU VAS VOIR CE QUE C'EST QU'AFFRONTER UN ATHLÈTE !

HÉ MAIS ?!
MAIS QU'EST-CE QU'ILS FICHENT LÀ, MON ÉQUIPE ?!

ET ALORS ! ÇA SE TRAÎNE, LÀ ! LES AUTRES GAGNENT MAINTENANT. C'EST ENCORE MOI QUI VAIS DEVOIR TOUT RATTRAPER !
PFF PF

PFF... VOILÀ, M'SIEUR !
MERCI, GRAINE DE MOULE !
POUF !
POUF !

PF ! J'AI BIEN FAILLI LE PERDRE, CE TÉMOIN ...
POUF

TOME & JANRY

JE L'AVAIS LÂCHÉ ! IL EST ALLÉ ROULER À DEUX DOIGTS DE L'OS D'UN CHIEN ASSOUPI...
MAIS... IL EST DANS TA MAIN !

TIENS ?! C'EST VRAI, ÇA ! QU'EST-CE QUE J'AI DONNÉ AU PROF, MOI ?
POUF
POUF
90

MONSIEUR M'A DEMANDÉ DE FAIRE DES ANALYSES...
... C'EST ASSEZ FASTIDIEUX.

MAIS C'EST PLUS AGRÉABLE QUE DE FAIRE LE MÉNAGE POUR MADAME!
HI! HI! HI!

VOILÀ! J'AI FINI. PAS MAL POUR SON ÂGE.

BRM. MONSIEUR
AH! VOUS AVEZ MES RÉSULTATS?

OUI. ET J'AI LE PLAISIR D'ANNONCER À MONSIEUR QU'IL EST EN PLEINE FORME!
PAS DE MALADIES? PAS DE CARENCES EN VITAMINES?

RIEN, MONSIEUR.
PEUT-ÊTRE DIMINUER LE TABAC
BIEN, MERCI, MÉLUSINE! LAISSEZ-MOI...

HI! HI! HI!
HÉ! HÉ! HÉ!

SKRUNK!

AU VU DES RÉSULTATS DE... HÉHÉHÉ... DE VOS ANALYSES SANGUINES...

J'AI L'HONNEUR DE VOUS INVITER À MA TABLE!
VOUS M'EXCUSEREZ...
AVEC CE QUI COURT...
J'AI PRÉFÉRÉ PRENDRE DES PRÉCAUTIONS!
ET VOUS AVEZ BIEN FAIT. SNIF.

RÉCURER LES OUBLIETTES ! ELLE EN A DE BONNES, LA PATRONNE. POURQUOI PAS CIRER LE PONT-LEVIS ? ENFIN, J'AI FINI...

AVEC TOUT ÇA, J'AI LE SENTIMENT D'AVOIR OUBLIÉ QUELQ...
LA CHAMBRE DE MONSIEUR !

PESTE ET CORYZA ! VITE ! AVANT QUE MADAME NE S'EN APERÇOIVE !...

PREMIÈRE CHOSE : AÉRER !

HOLÀ ! DÉJÀ LE JOUR !
?

RAAH ! NOON ! PAS LA LUMIÈRE DU SOLEIL !
PAPA

8.

RAAAA...

MÉLUSINE, MA PETITE, SAVEZ-VOUS OÙ SE TROUVE MONSIEUR ?
BROUMBRM ! AUCUNE IDÉE, MADAME !
BROSS
BROSS

Mélusine

Clarke & Gilson

MEEOOW
MEEOOW
MIAW
AH, NON! PAS MA NUIT DE REPOS! POUR UNE FOIS!

MEOOW
MIAW
MIAW
MIAW
MAOW
MEEOOW
SILENCE, LES CHATS! JE VOUDRAIS DORMIR!

MEOW
AH, C'EST COMME ÇA?

HI! HI! HI! LES VOILÀ CHANGÉS EN SOURIS, LE COMBLE POUR UN CHAT...

MMH! CE SILENCE...

KRAK
KRAK
TIENS ?! CE BRUIT! ME SERAIS-JE TROMPÉE DE FORMULE?

ET PUIS ZUT! JE VERRAI ÇA DEMAIN. ET MAINTENANT, DODO!

HOULALA ! EXAMEN D'INCANTATIONS DEMAIN ! L'ENCHANTEUR AURA MA PEAU !
PITIÉ POUR LUI ! ÉTUDIE COMME MOI : LA PRATIQUE ! TU METS TA MARMITE SUR LE FEU DANS UN ENDROIT TRANQUILLE ET TU RÉPÈTES TES INCANTATIONS.

AH ? ET QU'EST-CE QUE JE METS DEDANS ?
N'IMPORTE QUOI ! IL SUFFIT QUE ÇA BOUILLE !

EEEH ! MAIS ÇA PEUT ÊTRE DANGEREUX, ÇA !
BAH !
GRÂCE À ÇA, J'EN PROFITE POUR LIQUIDER MES FONDS DE BOCAUX !
ESPRIT DE VIN !
FOND DE TEINT !
VIF-ARGENT !
CHAMPIGNONS VÉNÉNEUX !

BON ! VOYONS CES INCANTATIONS ! EUH ...
CYBÈLE ET PRIMA ... NON ! cubelon et prima Eunda ☿ ♆ 33

glochoma racea ♀ spina alba ☿ bryoni ♂ taxus baccata ♄ juglans regia ☉ stanium [pelvis] ♃ usnea ...
... PUIS MATURATION DE LA DÉCOCTION DANS L'ATHANOR !

allium porrum ♃ asparagus melagi ET ... EUH, ZUT ! AH, OUI ! cichorium ♂ amanites ☾ boletus ...

BIEN ! J'AI FINI !
ET JE CONNAIS.

EN AVANT, LES KOBOLDS !
?

ENFIN QUELQU'UN QUI SAIT PRÉPARER LE THÉ AUX CHAMPIGNONS !
SLURP
AVEC UN DÉLICIEUX ARRIÈRE-GOÛT DE FOND DE TEINT.

ATTENTION... LE SERVICE AUQUEL MADAME TIENT TANT.

SCHLP!

PANARIS ET CORYZA! QU'EST-CE QUE...?
BON SANG!
OÙ ÇA? OÙ ÇA?!

QUELLE HORREUR!
CE... CE N'EST PAS DU SANG! C'EST LA CHOSE!

LA CHOSE EST REVENUE!

LA VOILÀ! JE DOIS FAIRE QUELQUE CHOSE!
FLK
SCHLT
MEOOW
SCHPK
BLP

GLIBZ!
BLP

16

ET HOP! DEHORS!

C'EST MOI QUI FAIS LE MÉNAGE ICI! ALORS, LA PROCHAINE FOIS, PENSEZ À VOUS ESSUYER LES PSEUDOPODES!

Mélusine

Clarke & Gilson

BONSOIR!... AAHEUUU... QUI S'OCCUPE DU, GLIP! MÉNAGE ICI?

BRRM! EUH, PAS LA PEINE, JE TROUVERAI TOUT SEUL...

MADEMOISELLE! PUF! PUF!

LAISSEZ DONC CET ENGIN OBSOLÈTE ET INEFFICACE!

CE "TORNADO®" FERA MIEUX ET PLUS VITE QUE VOTRE ANCÊTRE NÉOLITHIQUE!
AH, OUI? J'AIMERAIS BIEN ESSAYER QUELQUE CHOSE.
TOUT CE QUE VOUS VOUDREZ!

LÀ... L'AUTRE PIED... VOILÀ, COMME ÇA.
MAIS... QUE?
COQUINE, VA!

AÏE!

C'EST BIEN CE QUE JE PENSAIS.
ENGIN SANS AVENIR.
IL N'Y REVIENDRA PLUS.
AAAAAA

RIEN NE VAUT LE MATÉRIEL DE PROFESSIONNEL.

MADEMOISELLE! MADEMOISELLE!

CE "TORNADO®" FAIT TOUT... À CONDITION DE METTRE LA PRISE, PETITE DISTRAITE!

ATTENTION! DOUCEMENT! UN... DEUX...

QUE?

AH! MÉLUSINE! VOUS ARRIVEZ À POINT. CE PAUVRE WINGSTON A UNE ÉPINE DANS LE PIED.
BWAA!

DU CALME, DU CALME.
OCCUPEZ-VOUS DE LUI.
QUI SAIT, VOUS POURREZ PEUT-ÊTRE L'APPRIVOISER.

VENEZ, WINGSTON. ÉTENDEZ-VOUS LÀ.

NE BOUGEONS PLUS. LE PETIT AIGUILLON VA SORTIR... SCORBUT ET CORYZA! JE N'Y ARRIVE PAS!

IL ME FAUDRAIT QUELQUE CHOSE DE POINTU... UNE AIGUILLE OU ENCORE UN... AH!

OUF! JAMAIS VU UNE ÉCHARDE AUSSI RÉCALCITRANTE! ENFIN, IL DORT.
IL DORT?

Z
VOUS CONNAISSEZ LES HOMMES: UN PETIT BOBO ET IL LEUR FAUT CENT ANS POUR RÉCUPÉRER!

?
SNIF?
SNIF?

?

? ?

22

?
TOING!

ET QUE JE NE VOUS Y REPRENNE PLUS À ME GUETTER À MA PORTE !
CETTE FILLE M'A TOURNÉ LA TÊTE, FOI DE MOMIE !
GILSON · CLARKE · CERISE

LE DOCTEUR VOUS ATTEND, MONSIEUR !

VOILÀ SON DOSSIER DOCTEUR !
MH ...

MMH... MONSIEUR PHILIPPE BLANDOEUF, TOMBÉ SUR LA TÊTE DU 28ème ÉTAGE LE 2 AVRIL 1983, TRAUMATISME CRÂNIEN, OPÉRÉ LE 9 SORTI DE L'HÔPITAL LE 2 MAI... BIEN BIEN... ALORS ?! QU'EST-CE QUI NE VA PAS ?...
BOFF !

À VRAI DIRE JE L'IGNORE, DOCTEUR !! JE SUIS DEVENU INSENSIBLE À TOUT ! PLUS RIEN NE ME TOUCHE ! JE SUIS DEVENU INCAPABLE D'ÉPROUVER LE MOINDRE SENTIMENT...
AH ?

J'AVOUE NE PAS TRÈS BIEN COMPRENDRE... VOULEZ-VOUS PRÉCISER...
EH BIEN VOILÀ...

QUAND J'AI QUITTÉ L'HÔPITAL JE ME SENTAIS TOUT DRÔLE...

AVANT MON ACCIDENT J'ADORAIS LA NATURE ! LES FLEURS, LES PAPILLONS, LES OISEAUX ... À PRÉSENT...
BOFF !

J'AI REPRIS MON BOULOT ! J'AIMAIS BIEN MON BOULOT ! IL ME PASSIONNAIT ! MAIS MAINTENANT...
BOFF !

PUIS UN JOUR !
BLAAM !

ÇA A FAIT UNE HISTOIRE! TOUT LE MONDE, IL AIMAIT BIEN LE MARCEL! MOI AUSSI! MÊME QUE C'ÉTAIT MON MEILLEUR AMI! MAIS À PRÉSENT...
BOFF!

LES AUTRES N'ONT PAS TROUVÉ NORMAL QUE JE NE LES AIE PAS AIDÉS À SOULEVER LA POUTRELLE QUI AVAIT ÉCRABOUILLÉ MON MEILLEUR AMI! ILS NE M'ONT PLUS ADRESSÉ LA PAROLE...

J'AI QUITTÉ MON BOULOT...
BOFF!

UN JOUR, DANS UN CAFÉ-TABAC...
HI HI... ALORS IL LA REGARDE... HI HI... ET IL LUI DIT... HI HI... LE SALON DE BEAUTÉ ÉTAIT EN FAILLITE?

OUAAAAHAHA HAHAHA

HAHAHAH HAHAHAA

VOUS NE LA TROUVEZ PAS DRÔLE, MON HISTOIRE?

NOTEZ QU'ELLE ÉTAIT MARRANTE, LEUR HISTOIRE! AVANT J'AURAIS RI, MAIS RI... MAIS ÇA JUSTEMENT C'ÉTAIT AVANT, CAR MAINTENANT...
BOFF

VOUS AVEZ ÉTÉ VOIR UN PSYCHIATRE?
OUI! BIEN SÛR!
2

Les Femmes en Blanc

Bercovici & Cauvin

ALORS C'EST INCROYABLE ! VOUS NE TROUVEZ PLUS DE TRAVAIL, VOTRE FEMME VOUS A QUITTÉ, VOUS ÊTES COMPLÈTEMENT RUINÉ, VOUS AVEZ ÉCRASÉ UN PAKISTANAIS EN ARRIVANT ICI, ET TOUT CE QUE VOUS TROUVEZ À DIRE, C'EST...
BOFF !
C'EST GRAVE !

JE VOUS L'AI DIT, DOCTEUR ! PLUS RIEN NE ME TOUCHE ! TENEZ, JE N'AI PAS UN RADIS EN POCHE POUR PAYER VOS HONORAIRES ! JE SAIS QUE ÇA VA VOUS FAIRE DE LA PEINE, ET POURTANT JE M'EN FICHE !

ET NE REMETTEZ PLUS JAMAIS LES PIEDS ICI, VOYOU !

J'AI APPRIS QUELQUE TEMPS PLUS TARD QUE LE FAIT D'AVOIR TRAVAILLÉ POUR RIEN L'AVAIT RENDU FOU ! JE N'EN AI PAS EU LE MOINDRE REMORDS !
OUI ! JE VOIS ! NOUS ALLONS ESSAYER DE VOUS SORTIR DE LÀ !

ET D'ABORD, NOUS ALLONS VOUS TROUVER UN NOUVEAU TRAVAIL ! ÇA VOUS AIDERAIT À RETROUVER VOTRE ÉQUILIBRE !
MAIS QUI POURRAIT EMPLOYER UN HOMME SANS CŒUR, DÉNUÉ DU MOINDRE SENTIMENT ?

ALLONS ALLONS ! PAS DE PESSIMISME ! IL Y A DES SOLUTIONS À TOUT ! D'AILLEURS, JE CROIS QUE J'AI CE QU'IL VOUS FAUT ! LE TEMPS DE TÉLÉPHONER À UN AMI...

ALLO !? CHARLES !... OUI ! C'EST MOI ! DIS DONC ! TU N'AS PAS ENCORE TROUVÉ DE NOUVEAU RÉDACTEUR EN CHEF POUR TON JOURNAL ? SPOURI... C'EST ÇA ! OK ! ABANDONNE TES RECHERCHES ! J'AI CE QU'IL TE FAUT !

SPOURI
BOFF !
VOUS AVIEZ RAISON, MON CHER ! IL EST EXCELLENT... TOUT BONNEMENT EXCELLENT !

Bercovici & Cauvin

Les Femmes en Blanc

Bercovici & Cauvin

MATERNITÉ

KLAK
MONSIEUR PAUL LAGRAINE ?
C'EST... C'EST MOI !

EUH... AHRHEM ! ... NOUS AVONS EU QUELQUES PROBLÈMES AVEC VOTREEEUH... VOTRE BÉBÉ !
QUELQUES PROBLÈMES ? L'A... L'ACCOUCHEMENT NE S'EST... PAS BIEN PASSÉ ?
DITES ?

SIII ! SI ! ENFIN, SI ON VEUT ! DITES-MOI ? VOUS N'AVEZ PAS ÉTÉ EXPOSÉ AUX RAYONS X CES DERNIERS TEMPS ?
N... NON !
VOUS NE TRAVAILLEZ PAS DANS OU, À PROXIMITÉ D'UNE CENTRALE NUCLÉAIRE ?
NON !

TIENS... COMME C'EST CURIEUX...
MAIS ENFIN ! QUE S'EST-IL PASSÉ ? OÙ EST MON BÉBÉ ?!!

LÀ-DEDANS !
L... LÀ-DEDANS ? NOOON !
SI !

CLIC

DZOÏNG
HAAAAAA
1

BRAVO, MONSIEUR ! C'EST UN CHARMANT GARÇON...
AGA AGEU AGEUGA ...
MADEMOISELLE ! ENCORE UNE BLAGUE DANS CE GOÛT-LÀ ET JE VOUS CONGÉDIE ILLICO !
PFFF SI ON NE PEUT PLUS RIGOLER ...
BERCAUVIN

Les Femmes en Blanc

Bercovici & Cauvin

IRK
IIRRK
IRKK

VOUS AVEZ UN RENDEZ-VOUS !?
CE MATIN À ONZE HEURES, MADEMOISELLE !!

VOTRE NOM ?
SÉRAPHIN GROROUGE.

SÉRAPHIN GROROUGE... GROROUGE... AH OUI ! GREFFE DE DEUX JAMBES...
C'EST BIEN CELA !

VEUILLEZ PATIENTER QUELQUES INSTANTS... LE DOCTEUR MINET NE VA PAS TARDER À S'OCCUPER DE VOUS !
MERCI.

UNE MAISON DE FOUS ! UNE MAISON DE FOUS, JE VOUS DIS !!
?!

VOUS ÊTES ICI POURQUOI, VOUS ?!
UNE GREFFE ! UNE GREFFE DE JAMBES, MONSIEUR !

EH BIEN, PERMETTEZ-MOI DE VOUS SOUHAITER BONNE CHANCE ! MOI, ON M'A GREFFÉ UNE MAIN ! QUINZE FOIS QUE J'AI DÛ REVENIR ! ELLE N'A JAMAIS TENU !

AAAAAAH !!
??

!! C'EST ENCORE RATÉ ! JE VEUX VOIR LE DOCTEUR MINET, MADEMOISELLE !
UN INSTANT. JE VAIS VOUS FIXER UN RENDEZ-VOUS !!

MERCI QUAND MÊME POUR LE PANSEMENT!!
MAIS C'EST TOUT À FAIT NORMAL! ON N'ALLAIT TOUT DE MÊME PAS VOUS LAISSER COMME CELA! VOTRE RENDEZ-VOUS N'A LIEU QUE DANS UN MOIS!

TIENS! MONSIEUR ERNEST RAMOLLE! ALORS, COMMENT ÇA VA!?
AH ÇA! JE VOUS LE DIRAI DANS QUELQUES JOURS!

ELLE A L'AIR BIEN FAITE, CETTE GREFFE DE NEZ! DE QUOI VOUS PLAIGNEZ-VOUS?...
ÇA FAIT DOUZE FOIS QUE VOUS ME DITES ÇA! N'EMPÊCHE QUE ÇA FAIT DOUZE FOIS QUE J'AI DÛ REVENIR PARCE QU'IL N'A PAS TENU!

A... AAA... A...

MON NEZ!!
ATTENDEZ! NE VOUS ÉNERVEZ PAS! JE L'AI VU PASSER PAR LÀ!

LAAA! VOUS VOYEZ! IL ÉTAIT BÊTEMENT TOMBÉ DANS LA CORBEILLE À PAPIERS! JE VOUS PRENDS UN AUTRE RENDEZ-VOUS! PENDANT CE TEMPS, MIREILLE VOUS FERA UN PETIT PANSEMENT!
SGNIF!

TIEEENS! MONSIEUR FERVAILLE!
MMMB BLMB...

LAISSEZ-MOI DEVINER! LA GREFFE D'OREILLES N'A PAS TENU!
EXACT! QUAND J'AI MIS MON CHAPEAU, ELLES SONT TOMBÉES!

Les Femmes en Blanc

Bercovici & Cauvin

IL Y A UN MOIS, C'EST QUAND J'AVAIS MIS MES LUNETTES...
JE VOUS PRENDS UN AUTRE RENDEZ-VOUS !?...

EH BIEN, MONSIEUR GROROUGE !? OÙ ALLEZ-VOUS ?! MH ?...
EUHH... BEN, JE...

MONSIEUR GROROUGE EST-IL ARRIVÉ, MADEMOISELLE ?
JE VOUS L'ENVOIE, DOCTEUR !

NOOON ! J'VEUX PAS !!
ALLONS, ALLONS ! UN PEU DE COURAGE ! VOUS VOUS SENTIREZ UN AUTRE HOMME EN SORTANT D'ICI !!
NOOOOOOONN !

BEAUCOUP PLUS TARD !...

MONSIEUR GROROUGE ! ALORS, CETTE GREFFE, ÇA MARCHE ?
IMPECCABLE, MADEMOISELLE ! JE SUIS DEVENU UN AUTRE HOMME !!

ET ÇA TIENT, AU MOINS ?
AH ÇA, POUR TENIR, ÇA TIENT !

BEN ALORS, POURQUOI VOUS FAITES CETTE TÊTE-LÀ ? VOUS DEVRIEZ ÊTRE CONTENT, NON ?!
C'EST QUE... IL M'A DIT DE REPRENDRE RENDEZ-VOUS !
AH BON ?
MAIS...

HISTOIRE DE CORRIGER UNE PETITE ERREUR !
FIN
BERCOVICI CAUVIN

... ET RAPPELEZ-VOUS, MESDEMOISELLES, QUE CHAQUE PATIENT DOIT ÊTRE TRAITÉ SUIVANT SA PERSONNALITÉ ! NOUS AVONS FICHÉ POUR VOUS LE FAIRE BIEN COMPRENDRE, DES EXEMPLES TYPES !

PROJECTEUR, S.V.P. !!

ET TOUT D'ABORD, L'APPROCHE D'UN PATIENT NORMAL. MONSIEUR OU MADAME TOUT LE MONDE, EN QUELQUE SORTE...
C'EST L'HEURE DE VOS PILULES, MADAME...

LÀ ! C'EST TRÈS BIEN !

VOYONS À PRÉSENT LE CAS D'UN AGENT SECRET...

LE MESSAGE EST INSCRIT SUR LA PILULE ! QUAND VOUS EN AUREZ PRIS CONNAISSANCE, AVALEZ-LA ! COMPRIS ?!
COMPRIS !
CHHHHT !

OU CELUI DU VIEUX GÉNÉRAL EN RETRAITE...
VOTRE PILULE, MON GÉNÉRAL !
POUEET POUEEET
XXV 1

OU D'UN PRÊTRE...

OU D'UN ÉTRANGER...
EH!
RACISTE!

OU D'UNE PERSONNE DE LA HAUTE NOBLESSE...
LA PILULE DE MADAME LA VICOMTESSE EST AVANCÉE!.. SI MADAME LA VICOMTESSE VEUT BIEN OUVRIR LA BOUCHE...

OU D'UNE GUEUSE...
MERCI! OH MERCI!
PLONK

VOTRE PERCEPTEUR DE CONTRIBUTIONS...
JE PRÉFÈRE ENCORE L'AVALER MOI-MÊME!
?

VOIRE VOTRE BELLE-MÈRE!
RHÂÂÂ
OOH! COMME C'EST BÊTE! JE ME SUIS TROMPÉE DE PILULES...

C'EST TERMINÉ MESDEMOISELLES! LUMIÈRE!

SI TU VEUX MON AVIS, ANNE, LES PILULES, ÇA PASSE ENCORE, MAIS QU'EST-CE QUE ÇA VA ÊTRE QUAND ÇA SERA LES SUPPOSITOIRES!

Garage Isidore

Olis & Gilson

...N'ÔTEZ LE FREIN À MAIN QUE LORSQUE J'AURAI ARRIMÉ LA VOITURE, O.K.?

O.K., VOILÀ! ET VOUS, C'EST FAIT?

?!

MILLE EXCUSES! JE SUIS UN ÉTOURDI!

MAIS POURQUOI AVOIR POURSUIVI AINSI LA VOITURE ALORS QU'ELLE ALLAIT S'ARRÊTER D'ELLE-MÊME?
J'AVAIS LE PIED PRIS DANS LE CÂBLE DE REMORQUAGE!

Garage Isidore

Olis & Gilson

BING
BING
BING
?
MOP
OUAÏE

AÏE, AÏE, AÏE, AÏE, AÏE, AÏE, AÏE!
TS! TS!
DE BAGNOLE DE !!

PCHIIIT!
?

MAIS AÏE, NOM DE NOM!
DÉSINFECTANT!

...EUH... EXCUSEZ-MOI, DOCTEUR, MAIS VOTRE VOITURE ME DONNE DU FIL À RETORDRE!
AHÂÂ! J'IMAGINE QUE RESTAURER CETTE MERVEILLE N'EST PAS UNE MINCE AFFAIRE! IL FAUT DE LA PATIENCE!

ET LA PATIENCE SEMBLE VOUS FAIRE DÉFAUT, MON GARÇON! VOUS DEVRIEZ MÉNAGER VOS NERFS! ÉPARGNER VOTRE SANTÉ!
VOUS CHANGER LES IDÉES!

VOUS AVEZ RAISON! JE M'Y METS TOUT DE SUITE!
BRAVO!

ET POUR COMMENCER : AU REVOIR, DOCTEUR! JE FERME! JE TERMINERAI DE RESTAURER VOTRE MERVEILLE PLUS TARD!

...ENSUITE, APRÈS CETTE PETITE DOUCHE DU TONNERRE DE DIEU...

...J'OUVRE MON PLACARD À JOUJOUX... ET POUR Y PRENDRE QUOI, S.V.P.?

UN MODÈLE RÉDUIT À MONTER! RIEN DE TEL POUR SE CHANGER LES IDÉES!
NOS BELLES ANCÊTRES
AURELIA B20
AURELIA B20

Olis & Gilson

Garage Isidore

Olis & Gilson

MONSIEUR ISIDORE ! COMMENT ÇA VA ?
EXCESSIVEMENT MAL, MERCI. ET VOUS ?
SNIRFL

OOOOH ! MAIS C'EST LE DOCTEUR MÉDOQUE ! QUI PASSE DANS SA @#*! D'AURÉLIA !
VVROOOM

ET VOUS VOUS IMAGINEZ P'T'ÊT' QUE JE VAIS LE LAISSER FILER ? MALADE COMME JE SUIS ? VOUS ÊTES FOU, FACTEUR, FOU.
? ? ?
GARAGE ISIDORE

IL A RAISON... COMMENT AI-JE PU IMAGINER CHOSE PAREILLE ?
VITE ! LUI QUI EST AUSSI DISPONIBLE QUE S'IL HABITAIT LA LUNE...
VROOOM

?!!
AH ! JE LE VOIS, LÀ-BAS...
GARAGE ISIDORE

ZUT.
TU-TÛÛT
SNIRFL

?!
PARDON.
AH ! IL EST LÀ, AU BOUT...

ZUT.
SNIRFL
TÛ-TÛÛT

... UNE VOITURE VERTE ? ANCIEN MODÈLE ? ELLE A TOURNÉ LE COIN...

LE DOCTEUR MÉDOQUE ? IL VIENT DE ME QUITTER. PARTI PAR LÀ...

...
ENFIN LE VOILÀ !... MAIS ?!...
GARAGE ISIDORE

JE PENSAIS À VOUS... ET VOUS APPARAISSEZ ! FORMIDABLE ! VOUS QUI ÊTES AUSSI DISPONIBLE QUE SI VOUS HABITIEZ MARS !

Garage Isidore

Olis & Gilson

ÉGUMES EN CONSERVE

MONSIEUR ISIDORE EST DEMANDÉ D'UR-GENCE CAISSE N°2...

EUH... C'EST MOI... QUE SE PASSE-T-IL ?!
L'HURLUBERLU, LÀ-BAS, DEMANDE À VOUS PARLER...

MONSIEUR DUJOBARD ! CE CHER ANGOISSÉ ! ALORS, EN PANNE ? ALERTE ! AU FEU ! AUX ARMES ! DUJOBARD EST EN PANNE !
EUH... MON ALARME EST EN PANNE, OUI...

JE CRAINS FORT QU'ON ME FAUCHE MA VOITURE PENDANT MES COURSES... J'AI VU VOTRE DÉPAN-NEUSE AU PARKING, ALORS JE ME SUIS PERMIS DE VENIR VOUS DEMANDER CONSEIL...

TRÈS SIMPLE : ENLEVEZ UN FUSIBLE. CIAO.
"UN QUOI ?"
UN... UN QUOI ?
HÉ !

... UN FUSIBLE, DUJOBARD, UN FUSIBLE ! SANS CETTE PETITE CHOSE, IMPOSSIBLE DE DÉ-MARRER ! SOUFFLANT, PAS VRAI, DUJOBARD ?

VOUS CROYEZ QUE ÇA SUFFIRA POUR DÉCOURAGER LES VOLEURS ? ILS SONT SI MALINS !
FRANCHE-MENT, DUJOBARD, VOUS ME DEMAN-DERIEZ...

... DE VOUS ÔTER ÉGALEMENT LE DELCO, LA BATTERIE, LE VOLANT ET LA ROUE AVANT GAUCHE, LÀ, JE...

EXCELLENTE IDÉE ! ALLONS-Y.
... PENSERAIS CARRÉMENT : CE TYPE YOYOTE DE LA MANSARDE...

Garage Isidore

Olis & Gilson

À PRÉSENT QUE VOUS VOICI L'ÂME SEREINE, PUIS-JE CONTINUER À FAIRE MES COURSES, MON BON DUJOBARD ?
MAIS OUI, MON AMI ! MERCI DE VOTRE AIDE !

AAAAH ! SAVOURONS CE RARE MOMENT DE PAIX INTÉRIEURE !

CE QU'IL Y A DANS LE CADDIE EST À MOI.
C'EST ÇA.

SALUT, L'AMI ! ALORS, ÇA MARCHE LES BONNES AFFAIRES ? HA ! HA ! HA !
PLAÎT-IL ?!

UNE AUBAINE, CES ÉPAVES ABANDONNÉES, POUR LA RÉCUP' DE PIÈCES, PAS VRAI ?
MAIS

MAIS
MAIS MAIS
MAIS
MAIS MAIS

J'AI UN HORRIBLE
PRESSENTIMENNNNT

BÂÂÂÂÂH !
AU SECOURS !
MONSIEUR ISIDORE !
POLICE !
HEP ! J'SUIS L'FERRAILLEUR ! CETTE CARCASSE ME REVIENT DE DROIT !

Garage Isidore

Olis & Gilson

ALORS, CE CARBU?
ÇA CARBURE.
VRÔP VRÔP

PÂÂRFAIT.
VRROÔÔÔÔ
V'LÀ LA PLUIE, À PRÉSENT!

?
PLITCHHH

VOICI LA NOTE.
OOOOOH! MAIS MAIS C'EST UNE NOTE DE GAIETÉ, ÇAAAA! TOUT AU PLUS! CE N'EST PAS CHER POUR CE TRAVAIL RONDEMENT MENÉ!
ET SÛREMENT BIEN FAIT!

MAIS SAPERLOTTE, JE L'AI TROUVÉ, MOI, LE GARAGISTE IDÉAL QUE JE CHERCHE DEPUIS BELLE LURETTE! ENCHANTÉ, P'TIT GARS!

C'EST ISIDORE, TOI, HMH? MOI, C'EST ANATOLE! ET AVEC ANATOLE, PAROLE, ON RIGOLE! HA! HA! HA! ALORS COMME ÇA, ISIDORE, LUI, IL VAUT DE L'OR? HA! HA!
EUH... LA BAGNOLE, C'EST MON FORT, OUI ...
HA! HA! TRÈS BON!

DIS DONC, T'ES UN POTE, TOI! FAUDRA QU'ON S'FRÉQUENTE! MOI, J'AIME LE RUGBY, LA CUISINE CHINOISE ET MARLON BRANDO...
CE QUE VOUS ÊTES ATTACHANT!
UN PEU FÊLÉ QUAND MÊME.

... BON! JE VAIS Y ALLER... JE VAIS REBÂCHER À CAUSE DE LA PLUIE...
PLIC!

UNE FUITE!

QUEL HASARD! JE SUIS JUSTEMENT LIBRE!
JE COMMENCE TOUT DE SUITE?
RASSURE-TOI: JE NE SUIS PAS PLUS CHER QU'UN AUTRE!
ANATOLE HONDULEZ
TOITURE
• TUILES • ARDOISES • TÔLES •
RÉPARATIONS - RÉNOVATIONS

Olis - X Gilson

Garage Isidore

Olis & Gilson

M'SIEUR 'ZID ! M'SIEUR 'ZID ! TÉLÉPHONE ! DÉPANNAGE...
AH NON, ENCORE ?!

BONJOUR, ICI M'SIEUR 'ZID QUI VOUS DIT ZUT PARCE QUE J'EN REVIENS D'UN DÉPANNAGE ET COMME IL EST DÉJÀ CINQ HEURES, JE...

MARIE-LOU ?! EN PANNE ?! MAIS QUE ME NE L'AS PLUS DIS TU TÔT ?!
J'ACCOURS !

AAAAH ! M'SIEUR 'ZID !
HÉÉÉÉ !
EUUUUH
GÂÂ
QUAND MARIE-LOU DANSE LE REGGAE...
VROOOOM !

URGENCE, MES P'TITS VIEUX, URGENCE !
QUAND COMPRENDREZ-VOUS ?

J'AI BIEN VU, LÀ, MARCEL ?!

AH !

DÉPANNAGE-EXPRESS ! RECORD BATT...
BANG

?
MONSIEUR DUJOBARD ! MINCE DE MINCE ! JE VOUS AVAIS COMPLÈTEMENT OUBLIÉ !

Les Gosses

Carabal

PAPA, T'ES OÙ?

ici!

BONNE FÊTE, PAPAAA!

OOH.. QUE C'EST GENTIL!

ÀÀÀH... UN BARBECUE!

HIHIHI!...

MAIS NOOON... C'EST PAS POUR TA FÊTE. T'AS EU PEUR, HEIN PAPA?
AH OUI! VOUS M'AVEZ FAIT UNE SACRÉE BLAGUE LÀ!

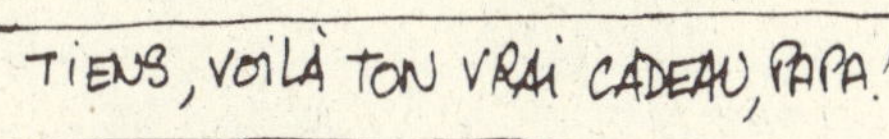
TIENS, VOILÀ TON VRAI CADEAU, PAPA!

AH OUI... ÇA RESSEMBLE PLUS À UN CADEAU, ÇA!

VOYONS... C'EST MOU! ON DIRAIT UN VÊTEMENT.
AH, ON SAIT PAS, TU VAS VOIR!

OOOH... MAIS QU'EST-CE QUE VOUS M'AVEZ ACHETÉ LÀÀÀ!?

UN TABLIER POUR LE BARBECUE!...
CARABAL

Les Gosses

Carabal

OOOH... C'EST QUOAÂ?
DU BOUDIN DE CHEZ MADAME CHIPO!
OAH COOL!

BEUARK!
ON NE DIT PAS BEURK! EN PLUS, TU N'EN AS JAMAIS GOÛTÉ!
MOI PLEIN!

SIII!
NON, C'EST PAS VRAI!

MAIS J'AIME PAS LA COULEUR!
DANS LA VIE, IL NE FAUT PAS S'ARRÊTER À L'ASPECT... ALLEZ, GOÛTE!

NON, J'AIME PAS QUAND C'EST CRAMÉ!
MAIS C'EST PAS CRAMÉ! TIENS, J'ENLÈVE LA PEAU!

C'EST QUOI LES TRUCS BLANCS, LÀÂ?
C'EST RIEN! ARRÊTE DE REGARDER ET GOÛTE!!

ALORS SANS LES TRUCS BLANCS...
À FORCE DE TOUT ENLEVER, IL NE VA PLUS RIEN RESTER!

TIENS, VOILÀ! UNE MICRO MIETTE DE BOUDIN SANS PEAU ET SANS TRUCS BLANCS, ÇA VA COMME ÇA?!

BÊÊÊ.... ON DIRAIT UNE CROTTE DE NEZ!

CARABAL

Les Gosses

Carabal

AAH... JE VAIS ME FAIRE UNE PAUSE-CAFÉ AVEC MES PETITS CHÉRIS!

TU VAS FUMER?!

OUI, AVEC LE CAFÉ, J'AIME BIEN UNE PETITE CIGUE.

C'EST BON?

MMH... NON, PAS VRAIMENT.

ALORS POURQUOI TU FUMES?!

PARCE QUE ÇA ME DÉTEND... MAIS, JE SAIS, C'EST MIEUX DE NE PAS FUMER!

OUAIS, PARCE QUE LA CIGARETTE, ÇA DONNE LA MALADIE DU CORSAIRE!

DU CANCER! OUI, SI ON EN FUME DE TROP...

COMBIEN T'EN FUMES?

PEU... 7 OU 8 PAR JOUR.

MA MAÎTRESSE, ELLE DIT 3 OU 4 MAXI!

ET EN PLUS ÇA PUUE!

BON ÇA VA J'AI COMPRIS! JE VAIS BOIRE MON CAFÉ SANS FUMER!

ELLE DIT AUSSI QUE LE CAFÉ, ÇA ÉNERVE!

CARABAL

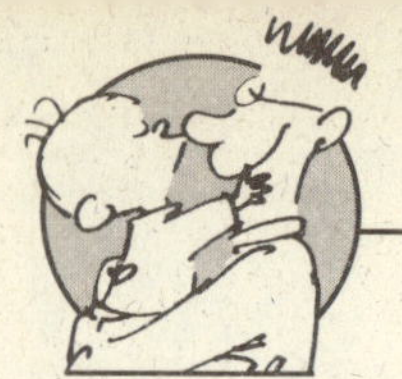

Les Gosses

Carabal

RoRo! TU VEUX BIEN ALLER ME CHERCHER MON SWEAT BLEU, S'IL TE PLAÎT?
TU M'ATTENDS, D'ACCORD?!
IL DOIT ÊTRE DANS LE LINGE À REPASSER!
NON, IL Y EST PAS!
CYRIL, VAS-Y... TON FRÈRE NE SAIT PAS CHERCHER!
BON... D'ACCORD.
EH! TU M'ATTENDS, HEIN?
OUI, OUI, T'INQUIÈTE
NON, IL Y EST PAS!
T'ES SÛR? T'AS BIEN CHERCHÉ?
ALORS LÀ, OUI!
TIENS, CYRIL..
ÇA M'ÉTONNE... CHÉRI! TU VEUX BIEN REGARDER DANS LE LINGE À REPASSER SI MON SWEAT BLEU Y EST?
OUI, IL Y EST!
AH! VOUS VOYEZ QUE VOUS NE SAVEZ PAS CHERCHER?... PAPA, LUI, IL SAIT!
EN PLUS, FRANCHEMENT... ÇA SAUTE AUX YEUX, UN PANTALON ROUGE!
HIN!! HIN!! HIN!!
PFFUUU!
CARABAL

Les Gosses

Carabal

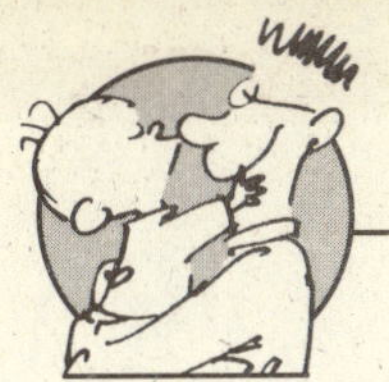

MOI, J'SAIS PAS QUOI FAIRE...

BON ALLEZ LÈVE-TOI!... ON VA JOUER AU PENDU.
OUAIS, COOL!

BON, CE JEU CONSISTE À DEVINER...
OUI, OUI, JE SAIS! J'AI D'JÀ JOUÉ AVEC CYRIL.

BON ALORS... LA PREMIÈRE LETTRE EST UN P ET LA DERNIÈRE UN S... T'AS TROIS LETTRES À TROUVER.
QUATRE!

NON, ÇA, C'EST UN CHIFFRE, MA PUCE!
AH, OUI... EUH... Y!

NON!.. PRENDS DES LETTRES QU'ON UTILISE PLUS SOUVENT, COMME A.. B.. O..
BAH... IL EST OÙ LE TUBE?

EH, OH!... TU M'ÉCOUTES?!
MAIS OUIII... Z!

MAIS NON! AVEC Z, IL Y A TRÈS PEU DE MOTS!

SIII!.. LES ZINVITÉS, LES ZAMIS, LES ZAUTRES!..
CARABAL

Les Gosses

Carabal

EH! ÇA, C'EST MON SEAU!
NON, C'EST LE MIEN.

FAIS VOIR...
NON!

ÇA NE VA PAS, ROMAIN!? TU AS FAILLI ME PÉTER MES LUNETTES!
C'EST PAS MOI, C'EST CYRIL!
OOH! LE MENTEUR, C'EST TOI!

NON, C'EST TOI!... T'AS VOULU ME PRENDRE MON SEAU, ALORS!
C'EST PAS VRAI, C'EST LE MIEN!

MAIS C'EST LES DEUX MÊMES!
NON, LE SIEN, IL EST CASSÉ.
NON, C'EST LE SIEN!

NON, MAIS JE RÊVE!... IL Y A JUSTE UNE PETITE FELURE DE RIEN DU TOUT.
TU VOIS, CYRIL?... IL EST PAS CASSÉ, LE TIEN!

QU'EST-CE QUI SE PASSE?
ILS SE DISPUTENT À CAUSE D'UN SEAU QUI EST LÉGÈREMENT FÊLÉ!

AH NON, CHÉRI! ÇA, C'EST MA SERVIETTE! LA TIENNE A UN PETIT TROU.

CARABAL

Les Gosses

Carabal

MAMAN...

OUI?

QUAND TU S'RAS MORTE, T'AIMERAIS ÊTRE QUOI, TOI?

HEIN?

BAH OUI, QUAND ON MEURT, ON DEVIENT UN ANIMAL! ON T'L'A PAS DIT?

EUH... OUI, ENFIN... TU SAIS, PERSONNE NE SAIT VRAIMENT CE QU'ON DEVIENT!

OUAIS, MAIS SI ON PEUT... MOI, J'AIMERAIS BIEN ÊTRE UN OISEAU!

ÇA DOIT ÊTRE TROP COOL DE VOLER!...

MAIS UN OISEAU GENTIL PAS TIMIDE, QUI SE POSE SUR L'ÉPAULE DES GENS! T'SAIS POURQUOI?

NON...

PARCE QUE J'AIME BIEN QU'ON M'AIME...

CARABAL

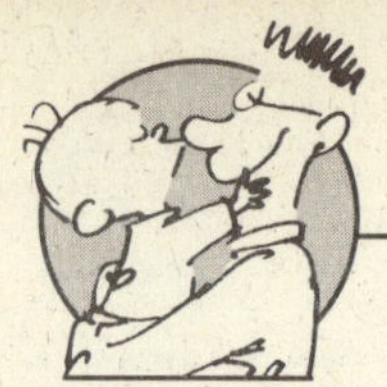

Les Gosses

Carabal

TIENS... AVANT D'ALLER À LA PLAGE, VA LIRE UN PEU, ÇA TE FERA DU BIEN!

QUOI?!

ET AVEC ENTHOUSIASME, J'TE PRIE!

PFFOU!..

C'EST QUI, ENTHOUSIASME?

C'EST PERSONNE.. ÇA VEUT DIRE QU'IL FAUT FAIRE CE QU'ILS VEULENT, ET EN PLUS AVEC LE SOURIRE!

C'EST COMME ÇA QUE TU LIS, TOI..?!

OUI, À LA MAISON, JE LIS TOUJOURS COMME ÇA!

TU ME PRENDS POUR UNE BILLE OU QUOI?

NON!.. TAKA DEMANDER À ROMAIN, MÊME!

OUAIS, C'EST VRAI... MÊME QUE C'EST SA MAÎTRESSE QUI LUI A DIT DE LIRE COMME ÇA!

D'ABORD, TOI! JE T'AI DIT DE NE PAS DÉRANGER TON FRÈRE!.. ALORS, VA JOUER AU FOOT AILLEURS!

BAM!

COMME ÇA, C'EST BON, PAPY?

CARABAL

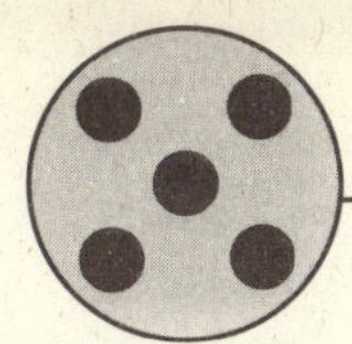

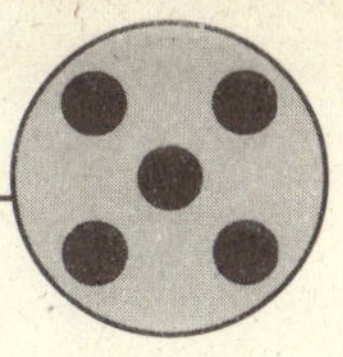

Joan

LA TERRASSE D'ÉTÉ

C'est le premier jour de service de la petite Lucie et elle est un peu débordée. Saurais-tu retrouver à quelle table elle doit se rendre avant que les clients ne se fâchent ?...

?

SOLUTIONS

LUCIE AVEC L'ÉPONGE À LA TABLE N°6 — LUCIE AVEC LA NOTE À LA N°5 — LUCIE AVEC LE PAIN À LA N°7 — LUCIE AVEC LES CURE-DENTS À LA N°8 — LUCIE AVEC LE CARNET ET LE STYLO PREND LA COMMANDE À LA N°1 — LUCIE AVEC LA PAILLE À LA N°2 — LUCIE AVEC LES COUVERTS À LA N°4 — ET LUCIE AVEC LA BIÈRE À LA TABLE N°3 —

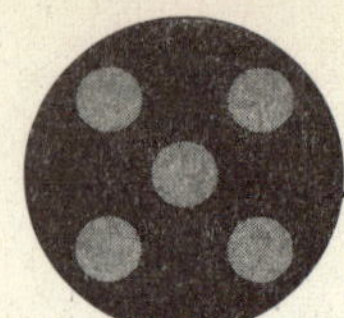

Pic

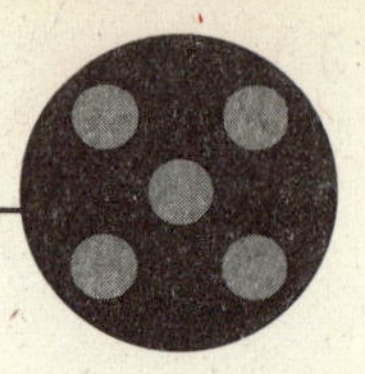

C'est la BATAILLE NAVALE !
CHOISISSEZ CHACUN UNE FLOTTE ET DES BÂTIMENTS. TIREZ AU SORT CELUI QUI OUVRE LE FEU.
MÉTHODE DE TIR :
ZZZZ

POUR 2 JOUEURS ET BIEN PLUS...

LE DOIGT POSÉ SUR LE CRAYON, BAISSEZ LA MAIN : LE CRAYON FILE EN AVANT ET LAISSE UNE TRACE.

PAR L'ENTREMISE D'UN SEUL OU DE PLUSIEURS DE SES BÂTIMENTS, CHAQUE FLOTTE VA TIRER 5 COUPS EN TOUT.
LES NUMÉROS PORTÉS SUR LES BÂTIMENTS INDIQUENT COMBIEN DE COUPS AU BUT SONT NÉCESSAIRES POUR LES COULER.
ON TIRE DANS TOUTES LES DIRECTIONS. SI UN MÊME TIR TOUCHE DEUX BÂTIMENTS, SEUL LE PREMIER COMPTE, TANT QU'IL N'EST PAS COULÉ.
QUAND UN BÂTIMENT EST COULÉ, IL NE FAIT PAS ÉCRAN DEVANT LES AUTRES, IL EST CONSIDÉRÉ COMME DISPARU.

QUAND LE BATEAU-RADAR D'UNE FLOTTE EST COULÉ, CELLE-CI NE PEUT PLUS TIRER QUE 3 COUPS PAR TOUR !!!

EXEMPLE DE TROIS COUPS AU BUT. LE PATROUILLEUR ROUGE EST COULÉ ! NOTEZ QUE LORSQUE LA TRACE LAISSÉE PAR LE CRAYON EST EN PLUSIEURS PARTIES, ON LA JUGE COMME SI ELLE ÉTAIT ININTERROMPUE.

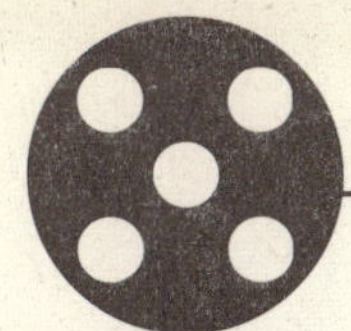

Inspecteur ZBU

Borrini & Omond

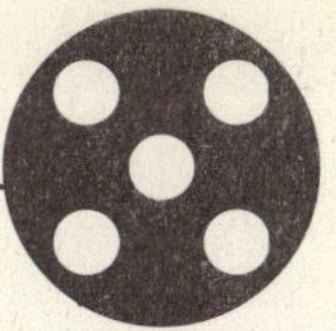

INSPECTEUR ZBU, MON MARI A ÉTÉ ÉCRASÉ AU CHANTIER BOUIXE !
DIANTRE ! J'Y VAIS, MADAME XB3 !

...
QUELLE HONTE ! CE CHANTIER DÉTRUIT UN QUARTIER DU MARS HISTORIQUE !
CHANTIER INTERDIT !
OH !

AINSI, VOICI TOUT CE QU'IL RESTE DE MONSIEUR XB3...

... UNE TACHE AU MILIEU D'UNE ÉNORME TRACE DE PAS !
BONJOUR, JE SUIS MONSIEUR BOUIXE !

CE MONSIEUR XB3 S'OPPOSAIT À LA CONSTRUCTION DU BOUIXE-BUILDING. UN OUVRIER A DÛ PRENDRE PEUR POUR SON EMPLOI ET... CRAC !
MM... AGENT B2, FAITES VENIR LES OUVRIERS CHAUSSANT AU MOINS DU 215 !

IMPRESSIONNANT !
MERCI, C'EST BON, VOUS POUVEZ BAISSER VOS PIEDS !
GROMF !
BIP ?
HOP !

C'EST BON, MADAME XB3... NOUS AVONS ARRÊTÉ L'ASSASSIN DE VOTRE ÉPOUX !
M... MERCI SNIRF.
QUEL AS, CE ZBU, TU AVAIS TROUVÉ ?

SOLUTION : C'EST MONSIEUR BOUIXE QUI S'EST ASSIS DESSUS !

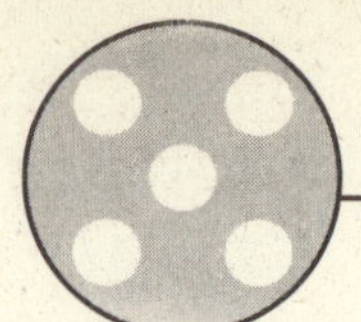

Mister Ploploop

Colonnier

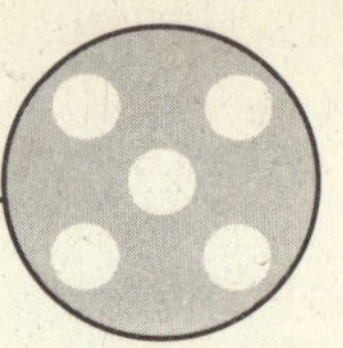

AUJOURD'HUI, ON S'OCCUPE DE POLLUTION !

D'AILLEURS, UN DE CES POISSONS MUTANTS N'A PAS DE JUMEAU : LEQUEL ?

Jeu 1

Jeu 2

DE QUELLE USINE PROVIENNENT CES DANGEREUSES ÉMANATIONS ?

Jeu 3

BON ! LA VOITURE ÉLECTRIQUE EST AU POINT.

MAIS SUR QUELLE PRISE FAUT-IL LA BRANCHER ?

Colonnier 11

MULTIPLIE, ADDITIONNE, DIVISE ET SOUSTRAIS CES CHIFFRES POUR OBTENIR 0, QUE L'ON PUISSE ENFIN RESPIRER !

Jeu 4

9 3 2 4 11 6

SOLUTIONS : 9x6+2:4-3-11=0

JEU1 : C'EST LE POISSON AVEC UNE TROMPE, EN BAS A DROITE. JEU2 : USINE C. JEU3 : PRISE 5. JEU4 : 9X6+2:4-3-11=0

Des Jeux pour jouer avec Pic & Zou

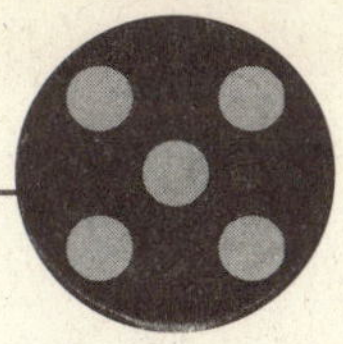

Pic

UNE FARCE TRÈS DRÔLE EN SOCIÉTÉ !
OH ! ON M'A PRÉDIT L'AVENIR AVEC UN TEST TRÈS RIGOLO ! QUI VEUT QUE JE LE LUI FASSE À SON TOUR ?
MOI ! MOI !

LE MATÉRIEL :

- UNE FEUILLE DE PAPIER...
- UNE PIÈCE DE MONNAIE AVEC DES RAINURES SUR LA TRANCHE
- ET SURTOUT, UN CRAYON GRAS : B-2B-4B, OU PLUS !

SUR VOTRE FEUILLE, TRACEZ UN SCHÉMA DÉLIMITANT 5 OU 6 ESPACES DISTINCTS

3-

DANS CHAQUE CASE, DESSINEZ UN SYMBOLE QUE VOUS EXPLIQUEZ D'UNE MANIÈRE TRÈS VAGUE

COMMENT SERA TA MAISON :
TES VOYAGES
L'AMOUR :
L'ARGENT :
LA SANTÉ :
TON MÉTIER :

PUIS DEMANDEZ À LA VICTIME DE BIEN REGARDER ATTENTIVEMENT...

TU PRENDS LA PIÈCE ENTRE DEUX DOIGTS, COMME UNE PETITE ROUE, ET TU LA FAIS ROULER DOUCEMENT, DU FRONT AU MENTON

ARRIVÉ AU MENTON, LÂCHE LA PIÈCE SUR LA FEUILLE...

PLING-GUELING !

EN MAINTENANT D'UN DOIGT LA PIÈCE À L'ENDROIT EXACT OÙ ELLE S'EST IMMOBILISÉE, TRACEZ SON POURTOUR AVEC LE CRAYON GRAS.
ON FAIT COMME ÇA !
SCRITCH
SCRATCH

PASSEZ LA PIÈCE ET GARDEZ LE CRAYON
BON. T'AS COMPRIS ? ALORS À TOI !

LE GRAS QUI S'EST DÉPOSÉ SUR LA PIÈCE QUAND VOUS EN AVEZ TRACÉ LE POURTOUR LAISSE AUSSITÔT UNE SUPERBE MARQUE VERTICALE QUAND VOTRE AMI LA FAIT ROULER SUR LUI.

CHUT !
LAISSEZ-LE SE CONCENTRER !

TRACEZ L'ENDROIT OÙ TOMBE LA PIÈCE ET INVITEZ VOTRE AMI À DES VARIANTES :
TU PEUX RECOMMENCER EN PARTANT DE LA GAUCHE DE TON FRONT, VERS LE MENTON
SCRITCH
SCRATCH

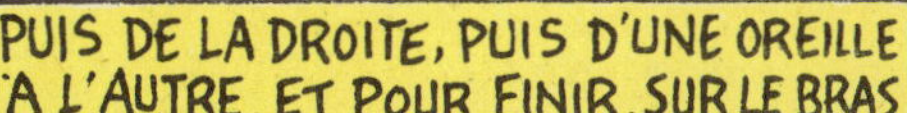

PUIS DE LA DROITE, PUIS D'UNE OREILLE À L'AUTRE, ET POUR FINIR, SUR LE BRAS.

SUR LE BRAS ?!? HM ! ÇA A L'AIR IDIOT.
NON, NON.

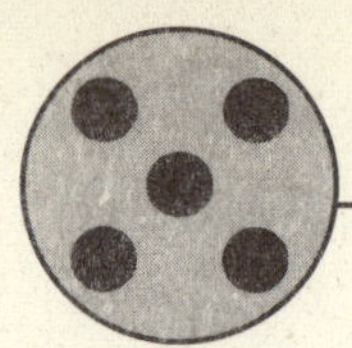

Joue avec La Petite Lucie

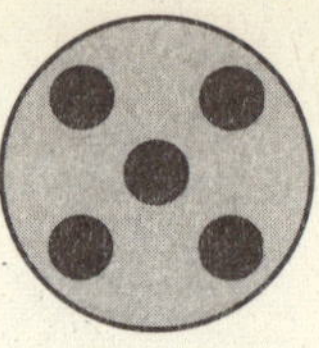

Joan

Regarde bien ce que te montrent la Petite Lucie et le Tam-Tam africain plus bas : deux petits détails rigoureusement identiques figurant dans les 2 dessins ! Cherche un peu plus loin et trouve les 7 autres analogies, en plus de l'exemple, se cachant dans ces deux scènes musicales. Bonne fouille à toi !!

① En haut, la lampe au-dessus de la platine, en bas le pied du siège du pianiste - ② La note de musique au-dessus de la lampe, le n°2 sur l'une des sirènes - ③ Le doigt de Lucie tenant un vinyl, l'interrupteur de la prise sous le piano - ④ Le chapeau plat d'un personnage dansant, le couvercle d'un tube au-dessus du saxophone - ⑤ L'oreille du personnage accoudé à la balustrade, le petit bidule sur la barre dans le coin en bas à gauche - ⑥ La montre d'un personnage dansant, les lunettes du robot saxophoniste - ⑦ La barrette à cheveux d'une fille, les dents du robot qui fait de la musique avec son ventre.

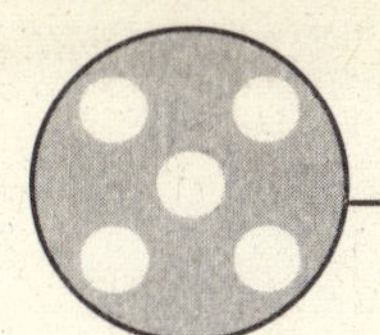

Mister Ploploop

Colonnier

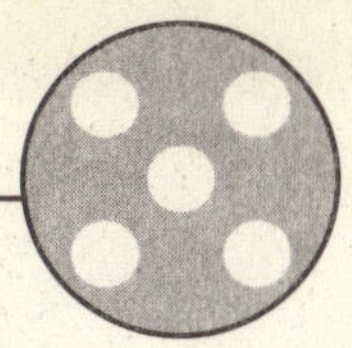

AUJOURD'HUI, ON FAIT DANS LA RAQUETTE !
JEU. 1
8 ANOMALIES SE SONT GLISSÉES DANS CETTE SCÈNE. LESQUELLES ?

JEU. 2
COMBIEN DÉNOMBRES-TU DE BALLES DANS CE MATCH M'OPPOSANT AUX MEILLEURS JOUEURS MONDIAUX ?
50

JEU. 3
EN TE BASANT SUR LES TRACES DE RAQUETTES, DÉCOUVRE LE CHASSEUR RESPONSABLE DE CE MASSACRE !
a.
b.
c.
d.
e.
f.

JEU. 4
JOINS À CHAQUE RAQUETTE LE PROJECTILE QUI LUI CONVIENT !
1.
2.
3.
4.
5.
a.
b.
c.
d.
e.

SOLUTIONS :

JEU 1 : PINGOUIN - BOCAL - BOUCHE D'ÉGOUT - PATINS - POÊLE À CRÊPES - PÉRISCOPE - POMME - MAIN À MICRO.
JEU 2 : 50. JEU 3 : LE CHASSEUR d EST LE COUPABLE. JEU 4 : 1/b 2/a 3/d 4/e 5/c.

Inspecteur ZBU

Borrini & Omond

VRAIMENT, MON VIEUX B2, ON NOUS APPELLE POUR N'IMPORTE QUOI !
NOUS DEVONS ASSURER LA SÉCURITÉ D'UNE FLEUR !!
PAS N'IMPORTE QUELLE FLEUR, PATRON !! C'EST LA RARODUS 213 !

BONJOUR, JE SUIS LE DIRECTEUR DU JARDIN PUBLIC. QUEL ÉVÉNEMENT, LA RARODUS 213 NE FLEURIT QUE TOUT LES 2300 ANS...
AH OUAIS ! ET ALORS !

LA REINE DE MARS VA VENIR À 15 HEURES POUR ADMIRER LA FLORAISON, VOUS DEVEZ VEILLER À LA SÉCURITÉ DU SITE !
LA REINE ?! HOOO !

VOICI LA SERRE OÙ S'EST PASSÉ L'ÉVÉNEMENT !

HAARG ! SACRILÈGE ! ON A COUPÉ LA FLEUR !!

QUI POSSÈDE LES CLEFS DE LA SERRE ?
LES JARDINIERS EN CHEF. Y AURAIT-IL UN ANARCHISTE PARMI EUX ?
DANS QUEL MONDE VIVONS-NOUS ?!

7.

MESSIEURS, LA RARODUS ÉTAIT-ELLE LÀ QUAND VOUS ÉTIEZ DANS LA SERRE ?
BIEN SÛR. UNE TELLE MERVEILLE !
ON NE VOYAIT QU'ELLE !
△◎☆ WW-□ !
QUELLE INFAMIE ! BOU-OUH !

L'UN D'EUX MENT ET JE SAIS QUI C'EST...
HO !
ES-TU AUSSI ZBUMENT GÉNIAL ?

SOLUTION : LA SUPERPOSITION DES TRACES AU SOL DANS LA SERRE INDIQUE QUE C'EST V6 QUI EST ENTRÉ LE DERNIER !

OUI, C'EST NOUVEAU ET ÇA FAIT FUREUR ! DANS PEU DE TEMPS, ON EN VERRA PARTOUT !
LE GANT DE TOILETTE EST OFFERT AVEC LE JEU VIDÉO !
IL EST MARRANT !

FRRRRRRR

MMM

PAPA ! VIENS VOIR, IL Y A QUELQUE CHOSE DE BIZARRE DANS MON BAIN !

QUOI ? QU'EST-CE QUE TU DIS ?
J'AI VU UNE BÊTE DANS LA BAIGNOIRE !

OÙ ÇA ?! JE NE VOIS R... AAAAAAAH !

SORS DU BAIN ! JE M'EN OCCUPE !
BLAM BLAM BLAM

VOIIIILÀ ! JE T'AI DESSINÉ UN DE CES PETITS PERSONNAGES À LA MODE ...
TU VERRAS QUANT TU SORTIRAS DE L'HOSTO : ON EN VOIT PARTOUT !
PADDLE

T'AS VU ? IL A RENTRÉ DES M.16 !
ARMURERIE

AH ! MONSIEUR PADDLE ! JE SUIS BIEN CONTENT DE VOUS VOIR !
SALUT, NORBERT ! QUOI DE NEUF ?
ARMURER

J'AI RENTRÉ DE NOUVEAUX ARTICLES QUI, JE PENSE, VONT INTÉRESSER MONSIEUR ET L'AMI DE MONSIEUR !
HA ! HA ! ON VA VOIR ÇA !
LES M.16 EN VITRINE, ILS SONT AUTHENTIQUES ?

PARFAITEMENT ! J'AI RACHETÉ UN VIEUX STOCK DE L'U.S. ARMY ...
MMH

BELLE ARME, NON ?
AÏE ! C'EST LE MODÈLE DE 1961 : IL S'ENRAIE FACILEMENT ...
EUH... J'AI AUSSI LE M.16 VERSION COMMANDO ... UN MODÈLE PLUS RÉCENT !

MOUAIS, C'EST DÉJÀ MIEUX ...
LIVRÉ AVEC LE LANCE-ROQUETTES ET LA LUNETTE OPTIQUE !
M.203

ET EN CALIBRE 7,62 MM ? IL Y A DES NOUVEAUTÉS ?
AAH ! JE PEUX VOUS PROPOSER UN AK 47 KALASHNIKOV !
EN TRÈS BON ÉTAT !
M.203

AH, OUI ! ON L'A BIEN EN MAIN.
BON, JE VAIS PRÉPARER LE STAND DE TIR...

Kid Paddle

Midam

REKTEKTEKTEKTEKTEK
BRATATABRATA

TRAKRAKRAKAK

CHWOOOUFFF
FUEL

BWAM BWAM
BWAM

BON. ASSEZ RIGOLÉ ! ON PREND LE TOUT... MAIS TU NOUS FAIS 20 % COMME D'HABITUDE. O.K. ?
ET EN PRIME, JE VOUS OFFRE CE CANON PORTATIF À TÊTE NUCLÉAIRE !
FUEL

C'EST BÊTE. ON A OUBLIÉ DE LUI DEMANDER CE QU'IL AVAIT COMME LANCE-PIERRES !
HA!HA! ELLE EST BONNE !
U.S. ARMY

ARMURE
ALORS ?! ON L'ACHÈTE, CE LANCE-PIERRES ?
TRÈS, TRÈS BONNE...
HÉHO ! TU RÊVES OU QUOI ?

EN SOMME, TU VOUDRAIS QUE J'INVENTE UN SYSTÈME POUR JOUER GRATUITEMENT À CES JEUX D'ARCADE ...
EXACTEMENT ! ÇA DOIT ÊTRE SIMPLE POUR UN SCIENTIFIQUE COMME TOI !

MMH... IL FAUDRAIT DÉMONTER UN MONNAYEUR POUR L'ANALYSER DANS MON LABORATOIRE ...
TROP DIFFICILE... MIRADOR SURVEILLE LA SORTIE !
BEN, ALORS C'EST PAS POSSIBLE !
2×F

IL VAUT MIEUX ENTENDRE ÇA QU'ÊTRE SOURD !
!
!
KID

AVEC MOI, RIEN N'EST IMPOSSIBLE ! HA! HA !

EH OUI ! LA COURBURE D'UNE BRANCHE DE LUNETTES CONVIENT PARFAITEMENT POUR DÉCLENCHER LE START !
KROUIK KROUIK
2×F

TU VEUX COMBIEN DE PARTIES ?
AH? BINGO ! JE SENS QUE... MAIS...
KROUIK KROUIK

CATASTROPHE, LES GARS ! MES LUNETTES SONT COINCÉES !
KLIK KLIK
2×F

RIEN À FAIRE, C'EST COINCÉ À MORT !
IL Y A PEUT-ÊTRE UN MOYEN, MAIS...
C'EST MA DERNIÈRE PAIRE...
KLIK KLIK
2×F

CHANGE
ET TU LE SUPPORTES BIEN TON NOUVEL APPAREIL AUDITIF ?
COMME CI COMME ÇA ...
2×F
← SORTIE

MON VIEUX, TU FAIS CE QUE TU VEUX, MAIS JE T'AURAI PRÉVENU !
BEN, MAINTENANT J'HÉSITE ...
!
SPACE SENSATION
CITYGAME
JE TE LE REDIS : CE MACHIN EST UN DANGER PUBLIC !
QU'EST-CE QUE TU LUI REPROCHES À MA CENTRIFUGEUSE ?

À PLEINE PUISSANCE, CETTE MACHINE FAIT SORTIR LES YEUX DE LEUR ORBITE !
À CAUSE DE LA FORCE CENTRIFUGE !

WHAHAHA ! JAMAIS RIEN ENTENDU DE PLUS IDIOT !

TU VAS TE RENDRE COMPTE PAR TOI-MÊME QUE C'EST SANS DANGER !
INSTALLE-TOI À L'INTÉRIEUR, ANDOUILLE !
KUK
MMMMM
GLOUP

J'AVANCE LA MONNAIE... MAIS TU ME REMBOURSES QUAND LE TOUR EST FINI !
'POUVEZ COMMANDER UNE AMBULANCE !

FFWIIIIIIIIWIIIIIIIIII

ALORS ?! VOUS ÊTES CONTENT ?!

UN CHEWING-GUM FRAISE ET DEUX BALLES DE PING-PONG...
NAN ! PAS POSSIBLE ! NAN !
C'EST D'UN GOÛT !
AÏEOU ! PAS FACILE À DÉCOLLER... MAIS J'AI EU MON TOUR À L'OEIL !

IL Y A QUELQUES MILLIARDS D'ANNÉES, LA VIE ÉTAIT DURE SUR TERRE...

LE PLUS AGAÇANT ÉTAIT, SANS DOUTE, LA PLUIE... IL FALLAIT TROUVER UNE SOLUTION !
KLON KLON

C'EST AINSI QUE L'HOMME PRÉHISTORIQUE CONSTRUISIT SON PREMIER ABRI...

IL POUVAIT ENFIN SAVOURER QUELQUES MOMENTS DE PLÉNITUDE...

LE FAMEUX INCIDENT SE PRODUISIT JUSTE APRÈS L'AVERSE : UN PIED-CHAUSSÉ PASSAIT PAR LÀ.
!

ET DANS LA TRIBU DES PIEDS-CHAUSSÉS, MONTRER SON PIED NU EST L'INSULTE SUPRÊME...
?

MAIS TRÈS VITE, LE PIED-CHAUSSÉ TIRA PARTI DU CÔTÉ RÉCRÉATIF DE LA SITUATION...
GA! GROUMPF HA! HA!
AÏE!
AÏEOU
WAÏE!

LE JEU VIDÉO ÉTAIT NÉ !
TRÈS INSTRUCTIF...

SEGAGA
LA NOUVELLE CONSOLE
32768
COULEURS !
C'EST DINGUE ! J'IGNORAIS QU'IL EXISTAIT AUTANT DE COULEURS !

OH, IL EN EXISTE BIEN DAVANTAGE !
DE QUELLE COULEUR EST TON TEE-SHIRT ?
BLEU. POURQUOI ?

ET CETTE VOITURE ?
BEN. BLEUE AUSSI !

LES FLEURS, LÀ ?
BLEUES ...

CETTE RAVISSANTE PETITE ROBE ?
TOUJOURS BLEUE... C'EST UN JEU OU QUOI ?
?

LE CIEL ?
BLEU.

C'EST EXACT, MAIS TOUS CES BLEUS SONT DIFFÉRENTS À QUELQUES NUANCES PRÈS... ET C'EST PAREIL POUR CHAQUE COULEUR, C'EST POUR ÇA QU'IL Y EN A TANT !
AH. OUAAAIS, J'AI PIGÉ ! ET IL Y A ENCORE D'AUTRES BLEUS ?

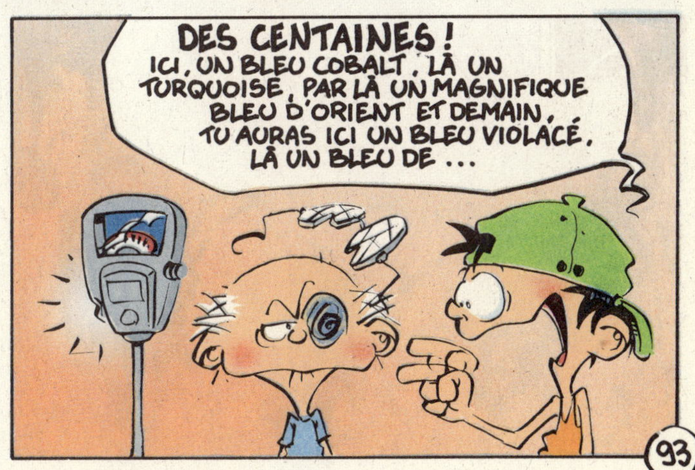

DES CENTAINES !
ICI, UN BLEU COBALT, LÀ UN TURQUOISE, PAR LÀ UN MAGNIFIQUE BLEU D'ORIENT ET DEMAIN, TU AURAS ICI UN BLEU VIOLACÉ, LÀ UN BLEU DE ...

TCHIKTCHIKTCHIKTCHIKTCHIKTCHIK

BLOUBGL

BRATATABRATATABRA

BRATATABRATATA

BRATATABRATATA
PIOUUUU
PIOUUUU

P'PA, J'AI FINI !
LA SALLE DE BAIN EST LIBRE !

INCROYABLE ! CETTE SALETÉ DE ROBINET FUIT À NOUVEAU...
GRMBL... JE VAIS DEVOIR ENCORE RAPPELER LE PLOMBIER !
PCHHHHHH

KROOUUIIIII

?
BLÔRK

BLÔRK
BLÔRK
BLÔRK

BLÔRK
BLÔRK
BLÔRK
BLÔRK
BLÔRK
BLÔRK
BLÔRK
BLÔRK
BLÔRK
BLÔRK

BLÔRK
BLÔRK
BLÔRK
BLÔRK

BLORK

BLÔRK
BLÔRK
BLÔRK
BLÔRK
BLÔRK
BLÔRK

BLÔRK!

Kid Paddle

Midam

BLÔRK

BLÔRK?

BLÔRK!

BLÔRK!

BLÔRK

BLÔRK

958

Les Zorilles

Deth & Corcal

"... ET ALORS, LE PETIT CHAPERON ROUGE DIT À SA GRAND-MÈRE..."

"... MÈRE-GRAND, COMME VOUS AVEZ DE GRANDES DENTS !"...

..."C'EST POUR MIEUX TE MANGER, MON ENFANT !"
HORREUR !
FRÉROT VIENT DE SE FAIRE AVALER !

ON VA TE SORTIR DE LÀ, FRÉROT !
TU VAS OUVRIR TON SAC, SALE BÊTE ?!

LAISSEZ-LE, LES GARS...
LE PYTHON A AVALÉ UNE BIBLIOTHÈQUE...
JE ME RÉGALE.

ET EN PLUS, Y A PLEIN DE NOURRITURE !
AUJOURD'HUI, C'EST GAZELLE !

PAS DE RAISON QU'IL PROFITE DE ÇA TOUT SEUL !
?
ON ARRIVE, FRÉROT !

CASSEZ-VOUS ! Y A PAS DE PLACE POUR TROIS, ICI !
AÏE !
PAF !

FAUX FRÈRE !
TROUVE-TOI UN PYTHON !
PAF !
PAF !
ÉGOÏSTE !

ÇA NE SERT À RIEN DE SE BATTRE, LES GARS !
OUAIS... EN SE SERRANT UN PEU, LE PYTHON RESTE VIABLE...
OH ! ÉCOUTEZ !
CHLIP !
CHLIP !

LE REPAS ARRIVE...

Les Zorilles

Deth & Corcal

?
RESTO DE LA SAVANE

HOLÀ, GARÇON ! LA CARTE !
JE L'AI PERDUE.
PAF !

JE CROIS QUE JE VAIS PRENDRE DE L'ÉLÉPHANT-FRITES !
Y EN A PLUS.

DONNEZ-MOI DE LA GAZELLE RÔTIE, ALORS ...
Y EN A PLUS...

DU CHAT SAUVAGE AUX MYRTILLES ?
Y EN A PLUS.

BON SANG ! MAIS QU'EST-CE QUI VOUS RESTE, ALORS ?!
UNIQUEMENT DU DESSOUS DE PIERRE...
HUMPF !

UN MILLE-PATTES ET QUELQUES MYGALES...
RWEURK !

JE PEUX AUSSI VOUS PROPOSER QUELQUES VERS ET DES RACINES...

FRASH !

PAR ICI, LES GARS !
...Y A DU SINGE !
SAVANE

Les Zorilles

Deth & Corcal

LE FRIGO EST VIDE, LES GARS...
JUSTE UNE MYGALE ÉCRASÉE...
VA FALLOIR RECHARGER...

Y A DU BUFFLE À VINGT KILOMÈTRES...
DE L'ÉLÉPHANT À DIX-HUIT...
SNIF! SNIF!
SNIF! SNIF!
SNIF! SNIF!
DE LA PINTADE À VINGT-CINQ ...

VA POUR LA PINTADE...
ÇA VA SAIGNER!

TROIS JOURS ET TROIS NUITS... ET TOUJOURS RIEN.
QUELLE ZONE.

ON FERAIT MIEUX D'ÉLEVER DES POULETS ET DES LAPINS... ON SERAIT PLUS PEINARDS...
PAS QUESTION.

N'OUBLIEZ PAS, MES FRÈRES, QUE NOUS SOMMES AVANT TOUT DES PRÉDATEURS! LA NATURE, LA SAUVAGERIE, L'INCERTITUDE DE LA CHASSE!... QUOI DE PLUS EXALTANT?!
M'EN FOUS.
VOUS AVEZ VU CE COUCHER DE SOLEIL?

AH, ZUT! ENCORE UNE FOIS, ON EST ALLÉS TROP LOIN...
LA VILLE...
ON N'A PAS LE CHOIX.

ET SI ON ESSAYAIT DE LA NOURRITURE POUR CHATS, CETTE FOIS-CI...
Y A UNE PROMO.

Les Zorilles

Deth & Corcal

QU'EST-CE QUE TU FAIS AVEC TOUS CES BIDONS, FRÉROT ?
UN PROJET GRANDIOSE.

D'ABORD, JE DÉCOUPE LES FONDS...

ENSUITE, JE LES ASSEMBLE UN À UN...
PASSE-MOI LE CHALUMEAU, FRÉROT.

FSHOOOOO

...ET J'EN FAIS UN GRAND OLÉODUC JUSQU'À LA MARE.

GRÂCE À CE SYSTÈME, NOUS AURONS ENFIN L'EAU COURANTE...
ET VOUS ALLEZ VOIR LE PLUS BEAU !

J'AI CREUSÉ UNE SALLE DE BAINS EN SOUS-SOL !...
RESTE PLUS QU'À POMPER !

FINI LES ZORILLES CRASSEUX ! APRÈS CE BAIN, VOUS NE ME RECONNAÎTREZ PLUS !...
HURMF !
HIK !
BLUB !
BLUB !
BLUB !

JE VAIS ÊTRE COMPLÈTEMENT DÉCAPÉ !
KAÏ !

Les Zorilles

Deth & Corcal

REGARDEZ ÇA, LES GARS !... IL NEIGE !
COMME C'EST BEAU...
...L'HIVER AFRICAIN.

HORREUR ! C'EST PAS DE LA NEIGE !
UNE INVASION DE SAUTERELLES !

EH BEN... JE SAIS CE QU'ON VA MANGER PENDANT TROIS MOIS...
MOI, MÊME BIEN CUISINÉ, ÇA ME DÉGOÛTE ...

DÉPRIMEZ PAS, LES GARS ! ON VA POUVOIR SKIER !

TU VIENS, FRÉROT ?
J'AIME PAS LA GLISSE... JE PRÉFÈRE FAIRE DES ZORILLES EN SAUTERELLES ...

VAS-Y, FRÉROT ! LANCE-TOI !
BWEURK !

TU VAS CONNAÎTRE LE GRAND FRISSON !
YEAH !
FRIIIISH

À PROPOS DE GRAND FRISSON, JE CROIS QUE JE SUIS EN TRAIN DE M'ENRHUMER, MOI...
SNIRFL !

ATCHA !

?
VRRRRRRR

VRRRRRRRR
C'EST LE PRINTEMPS, FRÉROT !

Les Zorilles

Deth & Corcal

TAGADOR TAGADOR

QUELLE BARBE, CES BUFFLES !
QUINZE JOURS QU'ILS NOUS LABOURENT LE CRÂNE !

ET PAS MOYEN DE TENTER UNE SORTIE POUR LA NOURRITURE...
RACINES ET SCOLOPENDRES À TOUS LES REPAS...

QU'EST-CE QU'ILS ANNONCENT À LA TÉLÉ ?
TOUJOURS PAREIL...
J'EN PEUX PLUS.
...LA GRANDE MIGRATION DES BUFFLES DEVRAIT DURER ENCORE QUELQUE TEMPS DANS UN SECTEUR SUD-SUD-OUEST...

DÉPRIMEZ PAS, LES GARS ! ÇA VA SE TASSER...
JUSTEMENT, LE PLAFOND EST EN TRAIN DE LÂCHER !
C'EST L'ÉCRASEMENT !

VOUS EN AVEZ UNE AUSSI ?
EH OUI.
C'EST CE QU'IL Y A DE PLUS CHIC DANS LA SAVANE CETTE ANNÉE...

...L'INDISPENSABLE CRAVATE-ZORILLE.

Pierre Tombal

Hardy & Cauvin

UN INSTANT!

ET MAINTENANT, AVOUE!... TU ES VRAIMENT MORT!?...
POC

VRAIMENT !?...
POC KRRR

VRAIMENT?... VRAIMENT ?...
KRRRRR...
TAP TAP

KRAA

PINOCCHIO! JE T'AI DÉJÀ DIT MILLE FOIS QUE C'ÉTAIT TRÈS VILAIN DE MENTIR!
C'EST BIEN VRAI, ÇA!...
CAUVIN + HARDY

JEAN BRIEN

PSSST !...
?

POURRIEZ-VOUS ME DIRE L'HEURE ?...
?!..9 HEURES 35...

QUEL JOUR SOMMES-NOUS ?...
...UN VENDREDI ...

QUEL MOIS ?...
SEPTEMBRE ...

DE QUELLE ANNÉE ?...
1984 ...

DE QUEL SIÈCLE ?
EUH... DU XX ème ...

DIEU ! QUE C'EST LONG, L'ÉTERNITÉ !...
HARDY + CAUVIN.

Pierre Tombal

Hardy & Cauvin

BOUHOUOU BOUHOUHOUHOUUU... BOUH...
ICI IL ACCOMPLI SA DERNIÈRE TRANSFORMATION

POURQUOI M'AS-TU ABANDONNÉ?... POURQUOI? POURQUOI?
POURQUOI?!

COMME JE REGRETTE D'AVOIR ÉTÉ DUR AVEC TOI, DE T'AVOIR EXPLOITÉ JUSQU'À LA FIN DE TA VIIIIE!..
BOM BOM BOM BOM

SI C'ÉTAIT À REFAIRE, JE PARTAGERAIS TOUT AVEC TOI! TU NE MANQUERAIS DE RIEN! JE TE RENDRAIS HEUREUX!!
ALLONS, VENEZ...

REVIENS! NE ME LAISSE PAS TOMBER!!! QU'EST-CE QUE JE VAIS FAIRE SANS TOI?..

JE SUIS UN HOMME FINI! FICHU!.. BOUHOU HOU HOU... BOUH...
BOUH HOUHOU...
SNIF
QUEL SPECTACLE DÉCHIRANT!...
RAOUL

AU FAIT... QUI EST-CE?...

C'EST UN DESSINATEUR QUI VIENT D'ENTERRER SON SCÉNARISTE...
H+C.
50

Pierre Tombal

Hardy & Cauvin

FLASH!

QU'EST-CE QUI VOUS ARRIVE ?...
C'EST BIEN MA VEINE ! JE VIENS DE M'APERCEVOIR QUE, POUR UNE FOIS, J'AVAIS JOUÉ LE TIERCÉ DANS L'ORDRE !...
CAUVIN + HARDY.
54

Pierre Tombal

Hardy & Cauvin

TCHÔMP
TCHÔM
TCHÔMP...

?!?
TCHÔMP
TCHÔMP!
FRANK

ENFIN LIBRE!

CAUVIN+DELIÈGE+HARDY.

Pierre Tombal

Hardy & Cauvin

VALENTINI

QUI EST-CE ?...
UNE VIEILLE FOLLE !... VOILÀ DIX ANS QUE CE CHANTEUR DE CHARME EST DÉCÉDÉ... ELLE LUI VOUAIT UNE ADMIRATION SANS LIMITE...
NON... !
BOUH...
BOUHOU... BOUH...

BOUH...
...DEPUIS, ELLE VIENT TOUS LES JOURS LUI RENDRE VISITE, FLEURIR ET ARRANGER SA TOMBE ...

ET... ET LUI...
C'EST SON MARI...
VALENTINI
PSCHIII...

Pierre Tombal

Hardy & Cauvin

...VOYEZ-VOUS, ICI REPOSE TOUTE MA FAMILLE !... MON ONCLE CHARLES, D'ABORD... TOUTE SA VIE, IL FUT BON AVEC MOI... UN VÉRITABLE CHOU !...
CHARLES
AUGUSTE
ARTHUR
MARIE

...PUIS, MON GRAND-PÈRE... UN VÉ-RI-TA-BLE CHOU, LUI AUSSI !...

...PUIS MES PARENTS... DE VRAIS CHOUX !... TOUS DE VRAIS CHOUX, MONSIEUR... QUAND JE VIENS LEUR RENDRE VISITE, JE LEUR DIS TOUJOURS : BONJOUR, MES CHOUX...
ÇA VA, MES CHOUX ?...
JE PENSE SOUVENT À VOUS, MES CHOUX !

VOUS PERMETTEZ !
?

?!?

MAIS ?!... QUE FAITES-VOUS ?...

EN VOUS ÉCOUTANT PARLER, JE ME SUIS DIT, COMME ÇA, C'EST PLUS UNE TOMBE, C'EST UN POTAGER... ALORS, JE SARCLE...

OUHAHAHAHAHA
VOUS DEVRIEZ AVOIR HONTE DE FAIRE DE L'HUMOUR DANS UN ENDROIT PAREIL...
CHARLES
AUGUSTE
ARTHUR
MARIE
H+C 58

HOP HOPHOP HOP...

ATTENTION... TU VAS VOIR ...

TARATATAAA TATA POUÊEEET...

HAHAHAHA!...

NON!...CE NE SONT PAS LES TROMPETTES DE LA RÉSURRECTION! ÇA FAIT AU MOINS DIX FOIS QUE CET IMBÉCILE VOUS FAIT LE COUP, ET À CHAQUE FOIS VOUS VOUS LAISSEZ AVOIR COMME DES GAMINS!...
60

Pierre Tombal

Hardy & Cauvin

BIDOUILLE
VIOLETTE

BRÔM
BRÔM
BRÔM

BRÔM
BRÔM
BRÔM..
BRÔM

CHÉRI, OH, CHÉRI. TU TE RAPPELLES... LE BULLETIN DE LOTTO QUE TU AVAIS REMPLI...

... JEUDI PASSÉ
... JUSTE AVANT TON INFARCTUS?

EH BIEN, ON A GAGNÉ!

Y. BAQUET

OUIIIIN!
Y. BAQUET

Les Psy

Bédu & Cauvin

CABINET
ENTREZ DONC, MON CHER CONFRÈRE !

J'AVOUE AVOIR ÉTÉ SURPRIS LORSQUE J'AI REÇU VOTRE COUP DE TÉLÉPHONE. UN PSYCHIATRE DEMANDANT UN RENDEZ-VOUS À UN AUTRE PSYCHIATRE, CE N'EST PAS TRÈS COURANT...

INSTALLEZ-VOUS, VOUS CONNAISSEZ LA ROUTINE...

ALLEZ-Y, JE VOUS ÉCOUTE...
TOUT A COMMENCÉ VOICI UN AN OU DEUX... À CE MOMENT-LÀ, J'AVAIS PARMI MA CLIENTÈLE UN CERTAIN BERNARD DUMONT...

... QUI DÉFRAYA LA CHRONIQUE EN BLESSANT GRIÈVEMENT UN POLICIER DE DEUX BALLES DANS LE VENTRE...
AÏÏE !
BLAM BLAM

JE VOLAI AUSSITÔT À SON SECOURS...

ET N'EUS AUCUNE PEINE À PROUVER À LA COUR ET AU JURY QUE CE MALHEUREUX AVAIT AGI SOUS LE COUP D'UNE FOLIE PASSAGÈRE...

ET QUE, DE CE FAIT, IL NE POUVAIT ÊTRE RESPONSABLE DE SES ACTES.
ET N'OUBLIONS JAMAIS QU'ON N'INCARCÈRE PAS UN MALADE, MONSIEUR LE JUGE, MAIS ON LE SOIGNE !
4/A

Les Psy

Bédu & Cauvin

IL FUT AUSSITÔT HOSPITALISÉ DANS UNE MAISON SPÉCIALISÉE ET CONFIÉ À MES SOINS.

JE LUI FIS SUBIR UN TRAITEMENT ADÉQUAT...
VOUS EN PRENDREZ DEUX LE MATIN, DEUX LE MIDI, ET QUATRE AVANT D'ALLER VOUS COUCHER !

ET SIX SEMAINES APRÈS, PAR UN BEAU MATIN DE PRINTEMPS, IL QUITTAIT L'HÔPITAL...

...POUR SE RETROUVER, LE SOIR MÊME, DANS UNE CELLULE DE LA PRISON D'ÉTAT !

IL AVAIT... ENCORE ABATTU UN POLICIER ?
NON, UN AVOCAT !

UNE FOIS DE PLUS, JE ME PRÉCIPITAI AU SECOURS DE MON CLIENT...

ET UNE FOIS DE PLUS, JE PUS CONVAINCRE LA COUR QUE CETTE ANDOUILLE N'ÉTAIT PAS RESPONSABLE DE SES ACTES AU MOMENT DES FAITS...

ET N'OUBLIEZ PAS, MONSIEUR LE JUGE, ON N'INCARCÈRE PAS UN MALADE, ON LE SOIGNE !
DIB DIBIDIB

UNE FOIS DE PLUS, IL FUT HOSPITALISÉ ET CONFIÉ À MES SOINS... ET APRÈS UN TRAITEMENT DE CHOC...
GLG GLG GLG GLG GL
D. KOX
4/8

UN MOIS PLUS TARD, PAR UNE BELLE MATINÉE D'ÉTÉ, IL QUITTAIT L'HÔPITAL...

POUR SE RETROUVER EN CELLULE LE SOIR MÊME...

ENCORE UN AVOCAT?
NON, UN JUGE!

ET UNE FOIS ENCORE...

JE PUS CONVAINCRE LA COUR QUE CE CRÉTIN, FILS DE CRÉTIN ET PETIT-FILS DE CRÉTIN... BREF!

ET N'OUBLIEZ PAS, ON N'INCARCÈRE PAS UN MALADE...
ON LE SOIGNE! VOUS POUVEZ L'EMMENER!

HOSPITALISÉ... CONFIÉ À MES SOINS...
VROOM

TRAITEMENT DE CHOC...
GLLG GLLG GLLG GLG

DEUX MOIS PLUS TARD, PAR UN BEAU MATIN D'AUTOMNE...

ET LE SOIR MÊME...
KLIK KLIK

UN... UN JUGE?
UN PROCUREUR...

C'EST À CE MOMENT-LÀ QUE JE ME SUIS RENDU COMPTE QUE CE TYPE ÉTAIT VRAIMENT UN MALADE, UN FOU DANGEREUX!...

ET JE DÉCIDAI DE NE PLUS INTERVENIR...
DRIIING
DRIING

C'EST ALORS QUE CE @#&!! A DÉCIDÉ DE FAIRE APPEL À UN AUTRE PSYCHIATRE!

CET IMBÉCILE S'EST PRÉCIPITÉ À SON SECOURS...

ET A CONVAINCU LA COUR QU'AU MOMENT DES FAITS, CE PARASITE NE POUVAIT ÊTRE RENDU RESPONSABLE DE SES ACTES...
ET N'OUBLIEZ PAS, UN MALADE...
JE SAIS!

IL L'EMMENA DANS SON HÔPITAL, LUI FIT SUBIR UN TRAITEMENT ADÉQUAT...
VOUS EN PRENDREZ DEUX LE MATIN, DEUX LE MIDI ET QUATRE AVANT D'ALLER VOUS COUCHER!

ET PAR UN BEAU MATIN D'HIVER...

POUR SE RETROUVER LE SOIR MÊME...

UN JUGE?
NON
UN MINISTRE?
NON
UN CHARCUTIER? UN BOULANGER?
NON

SUR QUI A-T-IL TIRÉ ALORS?
SUR MOI!

JE SUIS SORTI DE L'HÔPITAL AVANT-HIER!

ALORS ÇA, C'EST INCROYABLE! IL TIRE SUR UN PSYCHIATRE ET ON LE LAISSE EN LIBERTÉ!? C'EST À DÉSESPÉRER DE LA JUSTICE!...

DITES-MOI CE QUE JE DOIS FAIRE, J'AI SUBI UN GRAVE TRAUMATISME, MOI ! JE VOUS EN SUPPLIE, AIDEZ-MOI À REMONTER LA PENTE !
CE CONFRÈRE, VOUS CONNAISSEZ SON NOM ?

ERIC... ERIC DELEHOUSE !
ET SON ADRESSE ?
À DEUX PAS D'ICI, PRÈS DU CHAMP D'AVIATION !

REMETTEZ VOTRE VESTE, NOUS ALLONS LUI RENDRE UNE PETITE VISITE !
VOUS... VOUS CROYEZ VRAIMENT QUE... ?

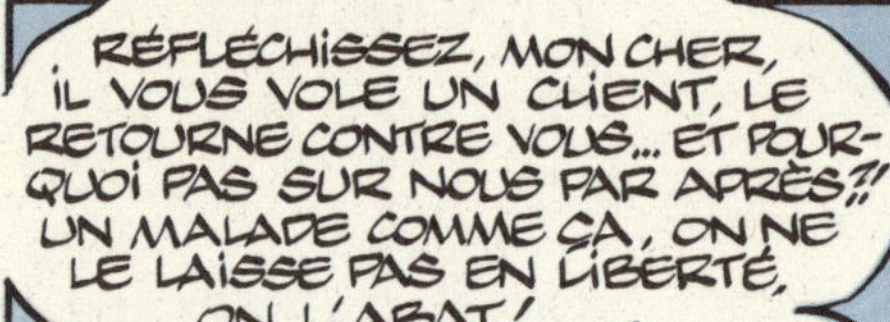

RÉFLÉCHISSEZ, MON CHER, IL VOUS VOLE UN CLIENT, LE RETOURNE CONTRE VOUS... ET POURQUOI PAS SUR NOUS PAR APRÈS ?! UN MALADE COMME ÇA, ON NE LE LAISSE PAS EN LIBERTÉ, ON L'ABAT !

VOUS AVEZ RAISON !

DELEHOUSE PSYCHIATRE

EEEH, MAIS OÙ ALLEZ-VOUS ? LE DOCTEUR NE REÇOIT QUE SUR RENDEZ-VOUS !...
MAIS ? MAIS ?

A... ALLÔ, POLICE-SECOURS ? VIIIITE !
AAAAAH !
BOM
KLILING
KLANG
CRACK

ÎOOÎOOOO
POLICE

PLUS TARD...
ILS ONT MIS À SAC LE CABINET DU DOCTEUR DELEHOUSE, COMMISSAIRE !
NON MAIS, QU'EST-CE QUI VOUS A PRIS ? À MON AVIS, VOUS DEVRIEZ ALLER VOIR UN PSYCHIATRE !
VOUS, VOUS VOUS SENTEZ MIEUX ! ET MOI ?
MERVEILLEUSEMENT BIEN !
4/E
CAUVIN - BÉDU

Les Psy

Bédu & Cauvin

ÇA VA, CE SERA TOUT POUR AUJOURD'HUI...

ALORS, DOCTEUR ?
IL N'Y A PAS BEAUCOUP DE CHANGEMENT...

DITES-MOI, MADAME, CE REFUS DE COMMUNIQUER ET DE NE VOULOIR PARLER À PERSONNE, IL EN SOUFFRE DEPUIS LONGTEMPS ?
DEPUIS SA NAISSANCE, DOCTEUR.

AH!? ET À CETTE ÉPOQUE, AVEZ-VOUS CONSULTÉ UN PÉDIATRE ?
NON.
UN MÉDECIN ?
NON, POURQUOI ?
MAIS...MAIS PARCE QU'IL PEUT ÊTRE TOUT SIMPLEMENT MUET !

TIENS! C'EST VRAI! EH BEN, JE N'Y AI PAS PENSÉ !...

MOI ? ME FAIRE SOIGNER ?... MAIS POURQUOI ?
PARCE QUE, QUAND ON EST BÊTE À CE POINT-LÀ, CE N'EST PAS NORMAL !... ALLEZ-Y, JE VOUS ÉCOUTE !
15/1

CAUVIN - BÉDU.

ÇA NE VA PAS ENCORE ?
NON.

À MON AVIS, TU DEVRAIS ALLER CONSULTER UN PSYCHIATRE !
C'EST LE QUATRIÈME QUE JE FAIS !
SSLLRP

CONSULTES-EN UN CINQUIÈME, TU FINIRAS BIEN PAR TOMBER SUR LE BON...

JE VOUS ÉCOUTE !
J'AIME PAS LES FLICS...

NI LES MAGISTRATS... NI LES MILITAIRES...

NI LES MINISTRES, NI LES DESSINATEURS, NI LES EMPLOYÉS DE L'ÉTAT, NI CEUX DU PRIVÉ, J'AIME PAS LES DOCTEURS, NI LES ENFANTS... J'AIME PAS...

DITES, VOUS NE SEMBLEZ AIMER PERSONNE, VOUS ! LES PSYCHIATRES, VOUS LES AIMEZ AU MOINS ?
CHAQUE FOIS QUE J'EN VOIS UN, C'EST LA QUESTION QU'IL ME POSE...

...ET... QU'EST-CE QUE VOUS LEUR RÉPONDEZ ?

QU'ILS SONT ENCORE PLUS CONS QUE LES AUTRES !

...ÇA NE VA PAS ENCORE ?
NON.

À MON AVIS, TU DEVRAIS CONSULTER UN PSYCHIATRE !
ÇA FAIT LE CINQUIÈME QUE JE FAIS !

ESSAYES-EN UN SIXIÈME, TU FINIRAS BIEN PAR TOMBER SUR LE BON...
...COMMENCE À EN AVOIR MARRE !...
9/A

BÉDU - CAUVIN.

Mélusine

Clarke & Gilson

HOULÀLÀ ! ÇA DEVIENT PRESSANT... IL FAUDRAIT QUE JE TROUVE UN ENDROIT DISCRET...

TIENS ? JE NE CONNAIS PAS CETTE FORÊT !

QU'IMPORTE ! ELLE ME PARAÎT TOUFFUE À SOUHAIT !

...C'EST QUE J'AI BESOIN DE TOUTE MON INTIMITÉ, MOI !...
AAAAH !

PFF ! ÇA SOULAGE !

SUPERBE FORÊT... ET DRÔLE DE VÉGÉTATION ...

JE VAIS COUPER DEUX OU TROIS ÉCHANTILLONS.
?
?
?
?
?

POUR LA RECETTE DE L'HERBICIDE : UNE ONCE DE SULFURE AMMONIÉ !

WINSTON! WINSTOOON!

QUE SE PASSE-T-IL, MONSIEUR?
CET ANIMAL DE WINSTON S'EN EST ALLÉ QUÉRIR MON REPAS ET MON ESTOMAC SE LANGUIT DEPUIS PLUS D'UNE HEURE!

JAMAIS JE N'ARRIVERAI À LE DRESSER!
LE VOILÀ!
CRI

OH! J'EN ÉTAIS SÛR! UNE FOIS DE PLUS, CE PRIMATE A TOUT GOINFRÉ EN ROUTE!
HURPS
TOK!

MÉLUSINE, ALLEZ VOIR EN CUISINE... JE CRAINS QU'IL NE FAILLE RECOMMENCER MON REPAS.
HURPS
BROUF!

IL Y A QUELQU'UN? OHÉ!?

?
MAIS?

MONSIEUR EST SERVI!
MON REPAS? MAIS JE PENSAIS QUE WINSTON ...

OH NON, MONSIEUR. JE CRAINS PAR CONTRE QU'IL NE FAILLE ENGAGER UNE NOUVELLE CUISINIÈRE.
RZZZ
BURP!
ZZZ

Mélusine

Clarke & Gilson

ALORS, MÉLUSINE ? ET CE NOUVEAU CUISINIER ?
ILS SONT DEUX, MONSIEUR. ET ILS ONT L'AIR TRÈS BIEN.

OH, LE BEAU !
JUSTEMENT, VOICI LE PREMIER.

MMH... CE GARÇON ME PLAÎT.
SCHLIK SCHLIK SCHLIK SCHLIK SCHLIK SCHLIK SCHLIK SCHLIK

IL L'A EU ! PRÉPAREZ-LE BIEN SAIGNANT, MON BRAVE !
GLIP !
TCHAK !

ADIEU, MONDE CRUEL !
CELA NE VAUT PAS UNE PINTE DE BON SANG MAIS JE CROIS QUE JE VAIS ME RÉGALER.
JE LE PENSE, MONSIEUR.

AH ! VOILÀ LE SECOND CUISINIER.

...IL S'OCCUPE DU REPAS DE MADAME.

Mélusine

Clarke & Gilson

QUELLE JOURNÉE ÉPUISANTE ! VIVEMENT UNE BONNE DOUCHE ET MON LIT.

EH ! ATT...
CON
CON
CON

BLOUF !

C'EST MALIN ! JE PARLAIS D'UNE DOUCHE, PAS D'UN BAIN !

EN PLUS, ELLE EST BONNE.
QUOIQUE... AVEC LE SOLEIL...

ALLEZ, ZOU ! VIVE LES VACANCES !

MMH !

AH OUI ! SÉCHER MES VÊTEMENTS !
33A

LA LI LAAAA

LALILAA... MAIS? OÙ SONT MES VÊTEMENTS ?!

AH! LES VOILÀ!

TADIDAA... OUPS!
QU'EST-CE QUI ME GRATTE LÀ?

TIENS, BIZARRE... UN FÉTU DE PAILLE?

33B

LÀ ENCORE? EH BIEN... DE LA PAILLE, MES CHEVEUX EN DÉSORDRE !!!

JE FERAIS FUIR UN ÉPOUVANTAIL!
GILSON · CLARKE · CERISE

Mélusine

Clarke & Gilson

SKROÏK
SKROÏK
SKROÏK

KLANK

COUCOU! RÉVEILLE-TOI!
BIZ
?

ALORS? PAS TROP ENGOURDI ?!
WAA...

ON COMMENCE... GUILI...
HU! HU!

WAHA HAHA HA
HAH

WAHAH
HAHA
KRSH
KRSH
KRSH

HAHA HAHA WAHA
HA

OUF.
HIHI
HEHE
HUHU
HAHA

ALORS, MÉLUSINE, CE CHAUFFAGE?
C'EST PARTI POUR TOUT L'HIVER, MONSIEUR.
HUHU
HE
HAHA
HA

Mélusine

Clarke & Gilson

VIENS ICI, MA JOLIE ! JE VAIS TE PRÉSENTER RENATO, UN COPAIN.

COUCOU ! WAOUUH ! HA ! HA !

ZUT.

VIENS, TOI, JE TE RAMÈNE DANS LES MARAIS. J'AI UNE AUTRE IDÉE.

YOUPIE ! EN VOILÀ UNE !

ELLE EST MAGNIFIQUE !

REGARDEZ-MOI ÇA, MONSIEUR ! N'EST-CE PAS SUCCULENT ?..!
WAAA !

ALLEZ, RENATO ! BAVE ENCORE.

OUF ! OÙ EN ÉTAIS-JE ? AH, UNE MESURE DE BAVE DE CRAPAUD, J'AI ! ENSUITE...

OH NON !

IL ME FAUT DIX LARMES DE CROCODILE !
GILSON · CLARKE · CERISE

Les Crannibales

Fournier & Zidrou

Dédé-la-Cavale, un colis pour vous.

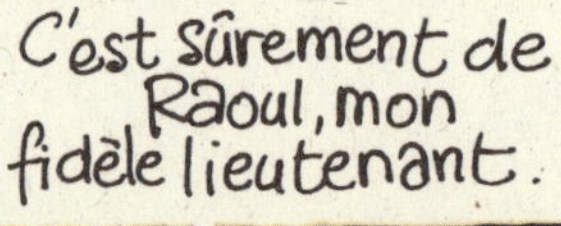
C'est sûrement de Raoul, mon fidèle lieutenant.

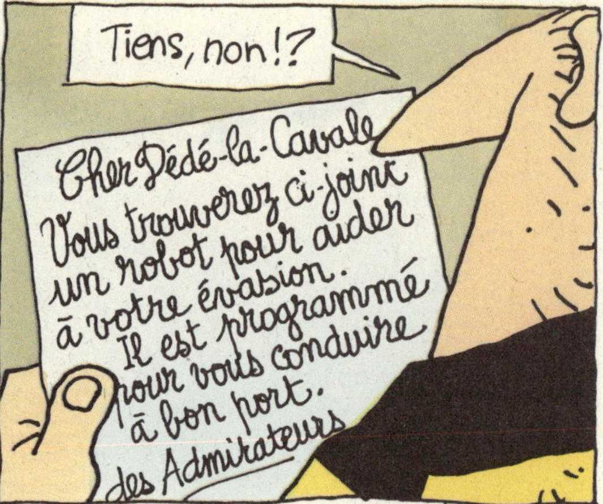
Tiens, non!?
Cher Dédé-la-Cavale
Vous trouverez ci-joint un robot pour aider à votre évasion.
Il est programmé pour vous conduire à bon port.
des Admirateurs

?

Tout ce qu'on invente, tout de même!

À table, les enfants!
J'aime pas la volaille élevée en captivité!!
glups!

Tu y comprends quelque chose, toi?
C'est la fin d'un mythe!

FOURNIER ZIDROU

Les Crannibales

Fournier & Zidrou

Ooooooh!

Celui ou celle qui trouve la fève sera le roi ou la reine de la journée!

Munch! Munch!

C'est moi qui ai la fève!

C'est moi qui ai la fève!
!?

Ga ba!

C'est moi qui ai trouvé la fève le premier!
Ga da!
Oui, mais moi, j'en ai quatre!
La mienne est plus grosse!
Combien de fois faudra-t-il te dire que quand on prépare une galette des rois, on retire les dents!?
Fournier - Zidrou

Les Crannibales

Fournier & Zidrou

CABARET
Bravo
clap
clap
clap
Bravo!
CE SOIR, OSVALDO L'HOMME-CAOUTCHOUC

À présent, Mesdames et Messieurs, Osvaldo, l'homme-caoutchouc, va entrer tout entier dans ce minuscule cube de 40 cm de côté!

Il peut le faire!
Il va le faire!
Il l'a fait!

On applaudit bien fort Osvaldo, l'homme-caoutchouc!

Quand je vous ai vu introduire ce magnifique corps d'athlète dans cette petite boîte de rien du tout, j'ai cru défaillir!...
glups!

Je me demande si vous seriez capable de faire la même chose dans un cube ... disons de 35 centimètres de côté.
Les doigts de pied dans le nez, poupée!

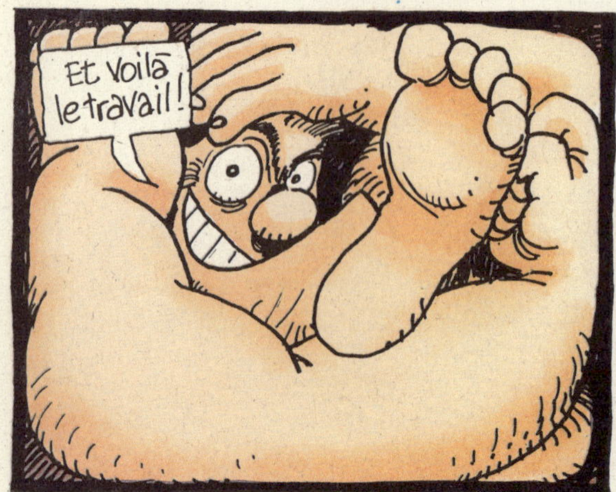

Et voilà le travail!

On applaudit bien fort Osvaldo, l'homme-gigot!
FOURNIER ZIDROU

Les Crannibales

Fournier & Zidrou

Qu'est-ce qu'on mange à midi?

Que diriez-vous d'un bon petit plat exotique?
Je suis naturalisé! Je suis naturalisé!

Qu'est-ce que vous préférez? Mexicain?
Oh! non! On a encore mangé du chili con carne la semaine dernière!

Indien alors?
Bof!

Japonais?
Trop de chichis!
Grec?
Trop lourd!
Arabe?
Trop épicé!

Et si on mangeait végétarien pour changer?
Succulente idée!

Krunch Miâm!
FOURNIER ZIDROU

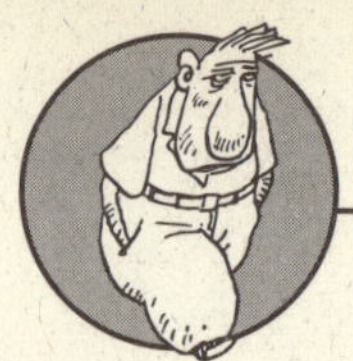

Les Crannibales

Fournier & Zidrou

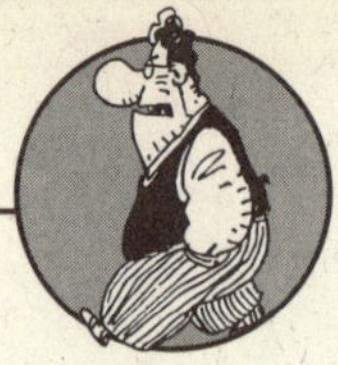

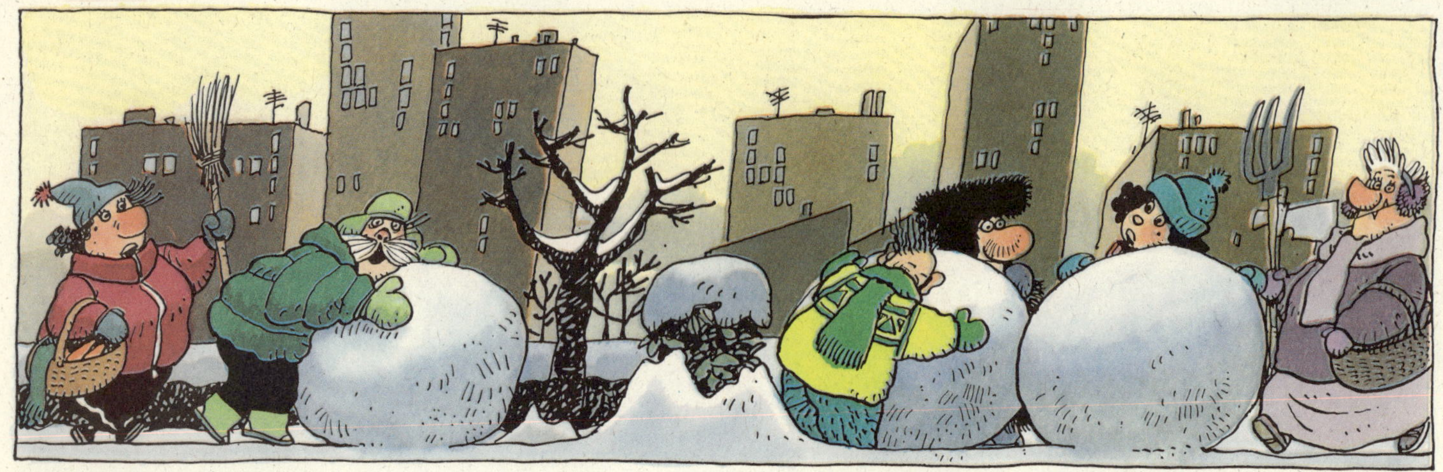

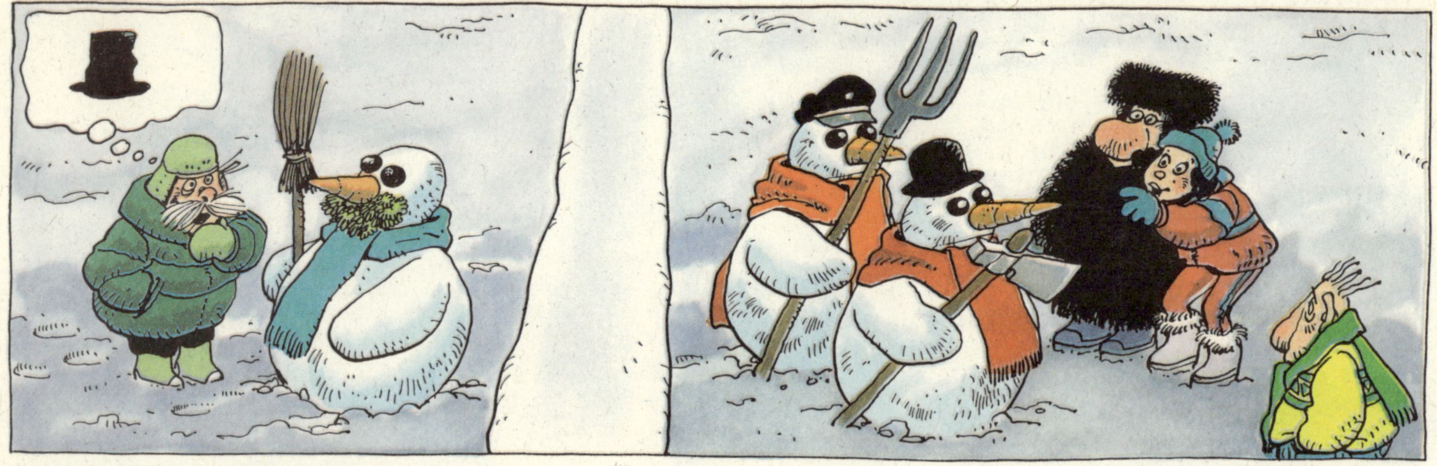

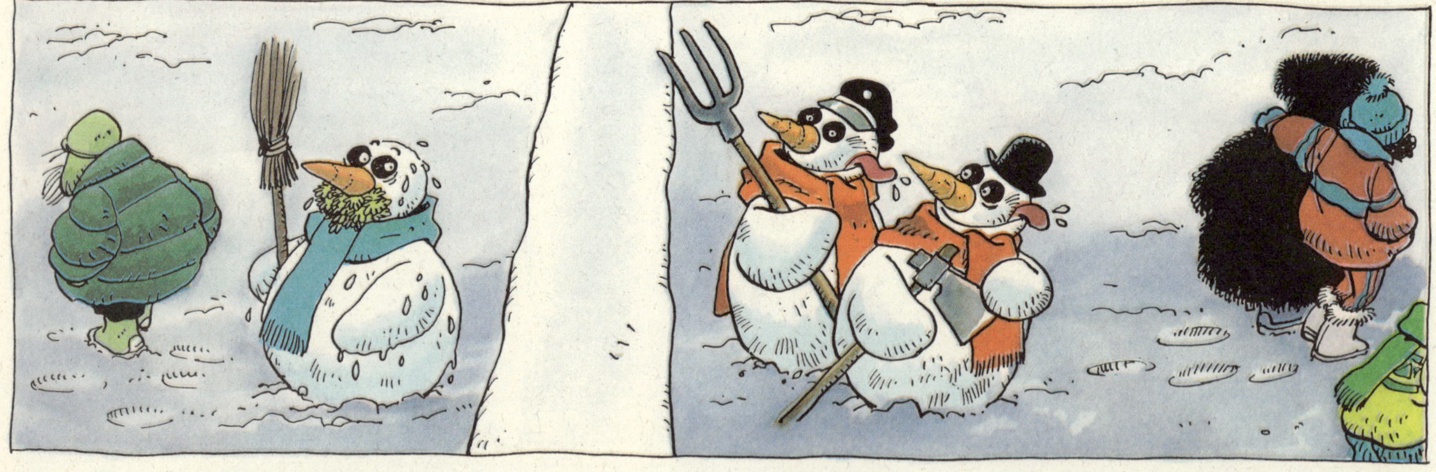

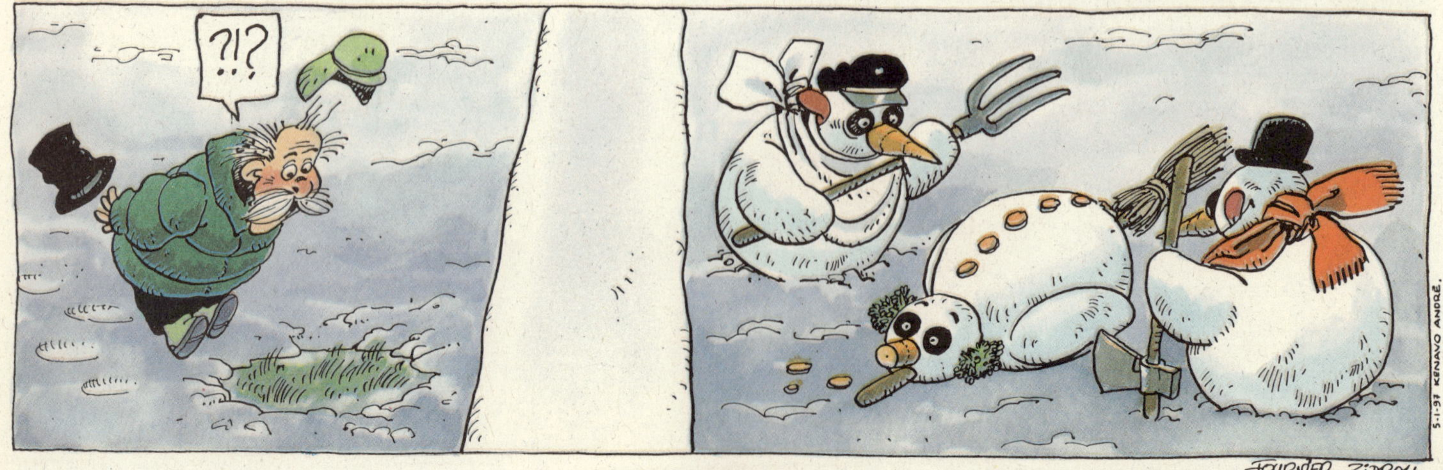
?!?
FOURNIER-ZIDROU

Les Crannibales

Fournier & Zidrou

Or donc, un jour, au cours d'une petite expérience de physique amusante ...

...Dieu créa l'homme!
Pas mal! Pas mal!
CLAP CLAP
CLAP CLAP

J'y ai mis deux jambes pour qu'il tienne debout.
Astucieux!
COMMISSION D'ENREGISTREMENT DES BREVETS
BURE DES D

Cependant, comme l'homme ne trouvait personne avec qui se disputer, Dieu reprit ses éprouvettes...
Quel coin pourri, ce paradis! Si au moins, il y avait la télé!

... et créa la femme!
60º
viva el paraiso

C'est à ce moment que Dieu découvrit que ses créatures avaient comme un petit défaut ...
viva el paraiso

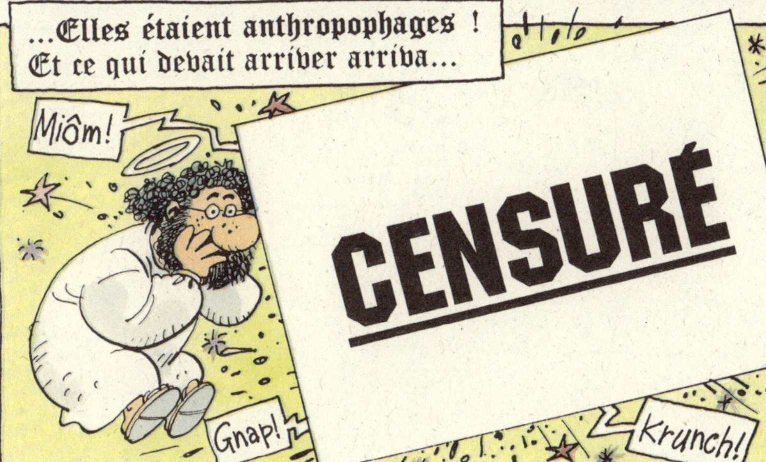

...Elles étaient anthropophages ! Et ce qui devait arriver arriva...
Miôm!
CENSURÉ
Gnap!
Krunch!

Il ne restait plus à Dieu qu'à recommencer à zéro. En ayant soin, cette fois, de corriger ce regrettable défaut de conception.
Et cette fois, je les fais végétariens!
Soldé
FOURNIER ZIDROU

Pon Pié
Pon Pié
PYRO 1

Hiiii
PYRO 1

Pardon, Monsieur! La rue James Cook, s'il vous plaît ?
On peut dire que vous tombez bien! J'habite moi-même à la rue James Cook.
OPEN HERE

Une personne habitant au 13 de la rue James Cook nous a téléphoné pour nous signaler un début d'incendie.
C'est tout simple: pour rejoindre la rue James Cook, vous conti...
SAPEURS POMPIERS
VILLE DE PAIMPONT

Quel numéro avez-vous dit!?
Euh! Le 13... Mais!

Les Ducroc!

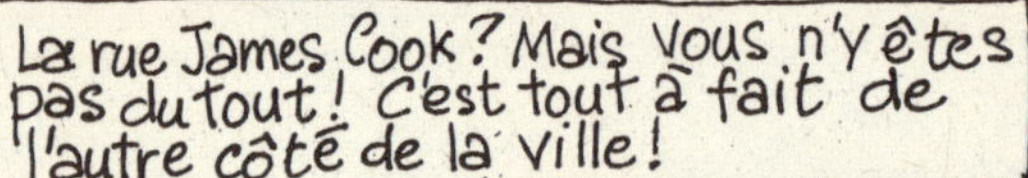

La rue James Cook? Mais vous n'y êtes pas du tout! C'est tout à fait de l'autre côté de la ville!

Ben ça alors!?
SAPEUR POMPIER
VILLE DE PAIM

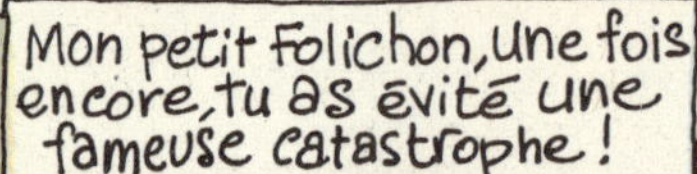

Mon petit Folichon, une fois encore, tu as évité une fameuse catastrophe!

Pon Pié

Mais qu'est-ce qu'ils fichent, ces de pompiers?!?
Cela fait une heure que je les ai appelés!!
Ma pauvre Madame Folichon, j'imagine la tête de votre mari quand il va rentrer!
FOURNIER ZIDROU

Les Crannibales

Fournier & Zidrou

Des QUOI?! Qui font QUOI?!
POLICE
I ♥ keufs
POLICE

Des anthropophages! Des gens qui s'adonnent à l'anthropophagie!

Sachez, Monsieur Folichon, que dans notre belle démocratie, la liberté de religion est chose sacrée!

Mais non! "Anthropophage" du grec ανθρωπος qui veut dire "homme" et φαγομαι qui signifie "manger". Ils mangent de la chair humaine. Des cannibales, quoi!

Des...?

Mais bien sûr! Vos voisins, les Ducroc, sont d'abominables anthropomachins qui dévorent tous ceux qui sonnent à leur porte!

Les Crannibales

Fournier & Zidrou

Cependant, comme vous pouvez le constater, nous sommes fort occupés pour le moment.

Aussi, si vous pouviez avoir l'amabilité de demander à vos voisins de nous mettre un morceau de côté, nous passerons lui faire un sort dès que nous en aurons fini avec ce dur à cuire de Gégé les Paluches, ici présent.
Pa... pardon?

Aurais-je omis de vous signaler que, moi-même, de temps en temps, je ne crache pas sur une petite fricassée de malfrats?
V... vous?

Et l'agent Galoche, ici présent, dévore son contrevenant à chaque petit déjeuner!
Trempé dans le café, c'est délicieux, vous devriez essayer.

Des caca... des nini...

... des babales!

Ne partez pas! Nous n'avons pas eu le temps de vous "cuisiner"!

Ha! Ha! Ha!

Bon! Fini de rire! Voyons à présent si notre ami Gégé est enfin disposé à se mettre à table! Où en étions-nous restés?

J'ai rien fé. Allé vou fère voir, espesse de pourittures !

NOOON! J'avoue tout! Le casse de la bijouterie Dutoc! La bombe sur Hiroshima! L'assassinat du Président Kennedy! TOUT!
?!
?!

Les Amours de Vacances de Cupidon

LES JEUX DE L'AMOUR ENFIN RÉSERVÉS AU GRAND PUBLIC !
ACCORD PARENTAL NÉGLIGEABLE
LUDO AVENTURE

CUPIDON !

APPROCHE !

PEUX-TU ME DIRE CE QUE C'EST ?
BEN... UN SINGE-ARAIGNÉE.
GRAT
GRAT

ET ÇA ?
UN POISSON-CHAT.

ET CECI ?
EUH... UN REQUIN-TIGRE ?

... LÀ, C'EST UN ORNITHORYNQUE, MAIS JE N'Y SUIS POUR RIEN !

BEN QUOI... VOUS N'AVEZ JAMAIS ENTENDU PARLER DES THÉORIES DE L'ÉVOLUTION ?
MMMH... J'Y VOIS PLUTÔT LE RÉSULTAT DE COUPLES MAL ASSORTIS, DONT TU ES LE RESPONSABLE !

ET ÇA N'A RIEN À VOIR AVEC L'HARMONIE VERS LAQUELLE NOUS DEVONS TENDRE, ET DONT TU ES UN ROUAGE ESSENTIEL, CUPIDON...

TA NÉGLIGENCE EST INADMISSIBLE... DONNE-MOI TON ARC ET TES FLÈCHES.

MERCI. TU NE LES RETROUVERAS QUE LORSQUE TU AURAS REMPLI LES DEVOIRS QUE JE VAIS TE CONFIER.
ZUT! J'AI HORREUR DES DEVOIRS DE VACANCES.

AINSI, JE SAURAI SI TU ES ENCORE DIGNE DE TA MISSION...

J'AI INSCRIT ICI UNE SÉRIE D'ÉPREUVES QUI TE PERMETTRONT DE TROUVER LES PARTENAIRES IDÉAUX POUR FORMER QUATRE COUPLES PENDANT CES VACANCES.

COMME MA BONTÉ EST INFINIE, TU POURRAS TE FAIRE AIDER PAR LES LECTEURS DE "SPIROU", UN BEAU JOURNAL PAS CHER QUE J'AURAIS BIEN AIMÉ CRÉER.
LÈCHE-BOTTES!

PUISQU'IL FAUT UN DÉBUT, COMMENÇONS PAR LA PLAGE.

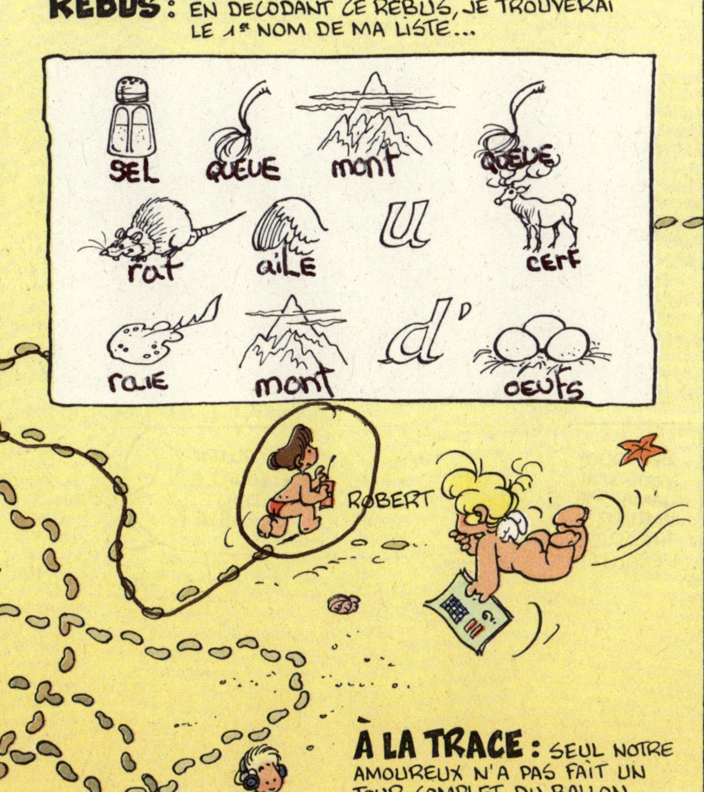
RÉBUS : EN DÉCODANT CE RÉBUS, JE TROUVERAI LE 1er NOM DE MA LISTE...
SEL
QUEUE
mont
QUEUE
rat
aiLE
u
cerf
raie
mont
d'
oeufs
ALBIN
ROBERT
ÉTIENNE
JUSTIN
À LA TRACE : SEUL NOTRE AMOUREUX N'A PAS FAIT UN TOUR COMPLET DU BALLON.

LES PÂTÉS : LE PÂTÉ DE SABLE DE NOTRE AMOUREUX EST CELUI QUI EST SITUÉ ENTRE UN GRAND PÂTÉ, À GAUCHE ET UN PETIT, À DROITE.
ROBERT
JUSTIN
ÉTIENNE.

ICI L'OMBRE : CETTE OMBRE PERMET DE DÉSIGNER NOTRE PREMIÈRE AMOUREUSE.
ESTELLE
BLANDINE
RAYMONDE
SUZETTE
STÉPHANIE.

LE PREMIER COUPLE EST COMPOSÉ
DE : ROBERT..
ET DE : RAYMONDE

BRR... JE DÉTESTE ME MOUILLER...

TANT PIS... JE PLONGE !

LEVEZ L'ENCRE : LAQUELLE DE CES PIEUVRES SORT DU NUAGE D'ENCRE ?
CLARA
MICHELINE
SIDONIE
SUZETTE
SIMONE
LETTRE RECOMMANDÉE
CHAQUE DESSIN REPRÉSENTE UN MOT CONTENANT AU MOINS UNE LETTRE QU'IL NE PARTAGE AVEC AUCUN DES AUTRES MOTS :
EN NE PRENANT QU'UNE DE CES LETTRES PAR MOT, J'OBTIENDRAI UN NOM.
LÀ, VRAIMENT... JE SEICHE.

LES COUSINS : POUR COMPRENDRE CE QUE DIT CETTE DAME, JE DOIS SUPPRIMER TOUTES LES LETTRES QUI COMPOSENT LES MOTS SUIVANTS :
PIEUVRE , POULPE , CALAMAR , SEICHE .
J'ALIMIES QUANED CIALEM EU POS PE DESIR VENET OVUSE SA MMONE POUR P CHEULLOP !
TRAJECTOIRES : SEULE NOTRE AMOUREUSE N'EST PAS DIRECTEMENT SITUÉE SUR LA TRAJECTOIRE D'UN REQUIN . (SYMBOLISÉE PAR UNE FLÈCHE).
SIMONE
SIDONIE
SUZETTE
MICHELINE
ALORS LÀ... JE NAGE !

LE DEUXIÈME COUPLE EST COMPOSÉ
DE : SIMONE .
ET DE : POLO....

OUF... J'EN AI SOUPÉ, DE L'EAU SALÉE !

...PRENONS PLUTÔT DE LA HAUTEUR .

LA CORDE : LA CORDE QUI COMPORTE LE PLUS DE VRAIS NOEUDS EST CELLE QUI APPARTIENT À NOTRE ALPINISTE .
ANTOINE
ALBERT
JACQUES
PHILIPPE
LES ROCHERS
LE NOMBRE DE ROCHERS QUI DÉVALENT EST ÉGAL, SI ON LE DIVISE PAR TROIS, AU NOMBRE DE LETTRES QUI COMPOSENT LE NOM DE NOTRE AMOUREUX .

LA BONNE TENUE : NOTRE CANDIDATE EST CELLE QUI PORTE UN SAC ET UN PIOLET MAIS PAS DE BONNET, UNE CORDE ET DES LUNETTES, MAIS PAS D'ÉCHARPE.
LISA
FATIMA
FRANÇOISE
JOSÉPHINE
JEANNE
HORTENSE
CONCEPTION.

L'ÉCHO LOGIQUE : LES DEUX ÉCHOS RASSEMBLÉS N'EN FONT QU'UN.
DS io i
A OS P i E
AD É
i -MO U
M J É HN
OR E!

LE TROISIÈME COUPLE EST COMPOSÉ
DE : ....
ET DE : ....

HOULÀ, C'EST SÛREMENT LE MAL DES CIMES !

FINALEMENT, RIEN NE VAUT LE PLANCHER DES VACHES !

COMPO : ON A MÉLANGÉ LES SYLLABES DE NEUF NOMS DE FLEURS. EN LES RECOMPOSANT, ON RETROUVERA DEUX SYLLABES, CELLES DU NOM QUE JE CHERCHE.

MAR	ULETTE	PA	LAS
COQUE	SE	PER	IPE
PA	MONE	LI	QUERETTE
ANE	VOINE	TUL	GUERITE
Pi	LiCOT	RO	VENCHE

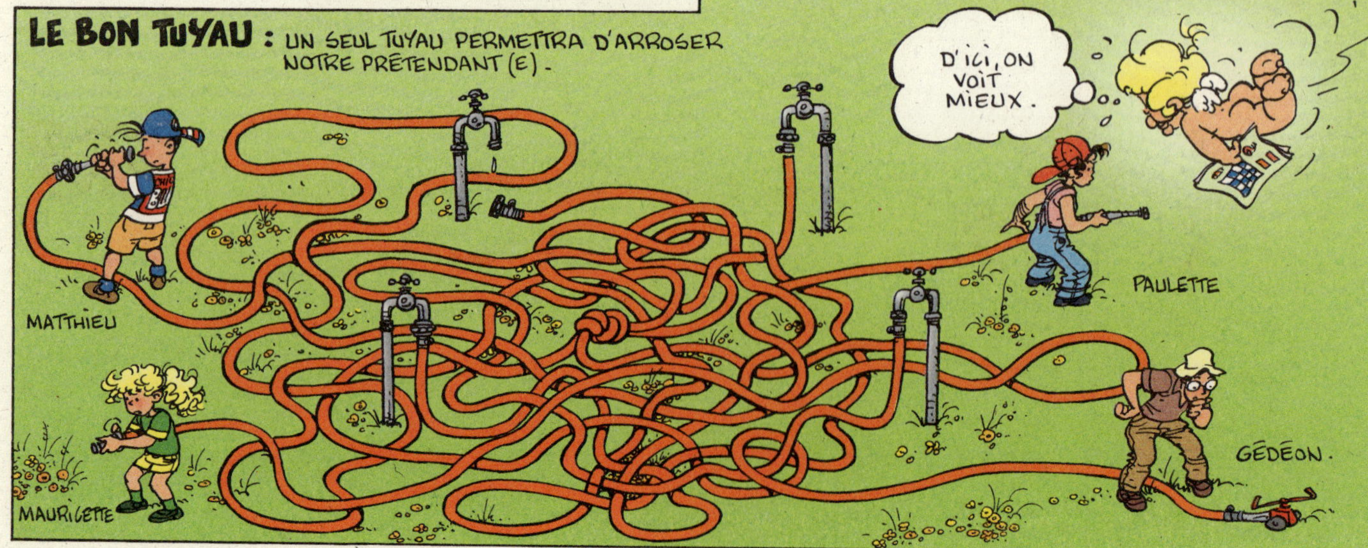
LE BON TUYAU : UN SEUL TUYAU PERMETTRA D'ARROSER NOTRE PRÉTENDANT(E).
D'ICI, ON VOIT MIEUX.
MATTHIEU
PAULETTE
MAURICETTE
GÉDÉON.

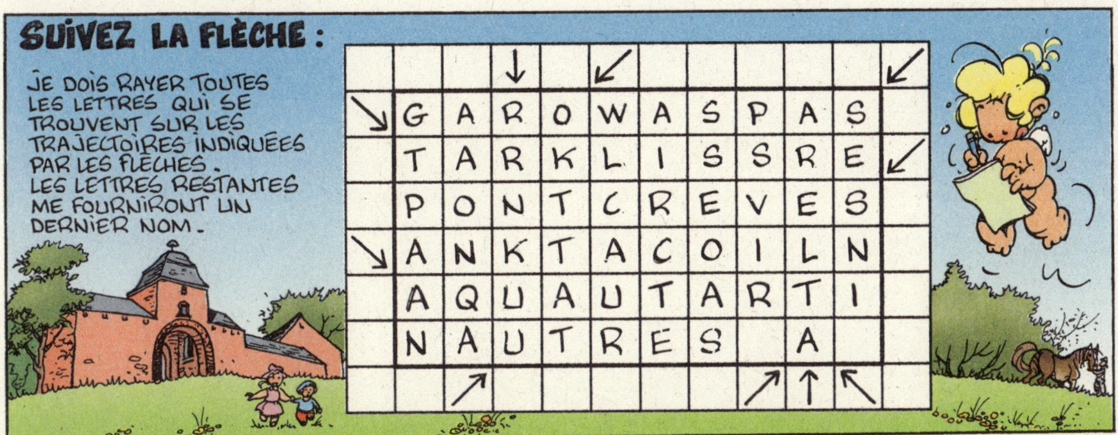
SUIVEZ LA FLÈCHE :
JE DOIS RAYER TOUTES LES LETTRES QUI SE TROUVENT SUR LES TRAJECTOIRES INDIQUÉES PAR LES FLÈCHES. LES LETTRES RESTANTES ME FOURNIRONT UN DERNIER NOM.
G A R O W A S P A S
T A R K L I S S R E
P O N T C R E V E S
A N K T A C O I L N
A Q U A U T A R T I
N A U T R E S A

LE QUATRIÈME COUPLE EST COMPOSÉ
DE : ....
ET DE : ....

CUPIDON AU RAPPORT !

MISSION ACCOMPLIE S^T PIERRE !
DÉJÀ ?

LAISSE-MOI VOIR...

COUPLE N° 1
ROBERT
ET
RAYMONDE
ROBERT ET RAYMONDE VIVRONT HEUREUX, FIDÈLES À LEUR PLAGE ; ILS S'Y CONSTRUIRONT PLEIN DE GRANDES TOURS EN BÉTON ARMÉ.
ON L'APPELLERA LA RÉSIDENCE DU BONHEUR !
LE BÉTON, C'EST TELLEMENT ROMANTIQUE !

RÉBUS : SEL - QUEUE - MONT
QUEUE - RAT - AILE - U
CERF - RAIE - MONT - d.
OEUFS.

COUPLE N° 2
SIMONE
ET
PAULO
ON A BIEN ENTENDU RECONNU SIMONE ET PAULO. LEUR VIE DISSOLUE, LONGUE SUCCESSION DE FÊTES BIEN ARROSÉES (100% D'HUMIDITÉ) LES CONDUIRA À SORTIR EN BOÎTE UN PEU TROP SOUVENT.
Poulpe à la tomate

LETTRE RECOMMANDÉE : IL FALLAIT TROUVER LES MOTS : LIT . PIED . BRIQUE . ANTENNE . ROBOT .

LES COUSINS : J'AIME QUAND IL ME POSE DES VENTOUSES, MON PAULO.

COUPLE N° 3
PHILIPPE
ET
JOSÉPHINE
PHILIPPE ET JOSÉPHINE CONTINUERONT DE PLANER TRÈS HAUT. PHILIPPE SERA LIFTIER À LA TOUR EIFFEL ET JOSÉPHINE LAVEUSE DE CARREAUX À "LA DÉFENSE"

L'ÉCHO : IL DISAIT "DIS-MOI OUI, MA JOSÉPHINE ADORÉE".

COUPLE N°4
PAULETTE
ET
GAWASAKI 750.
PAULETTE VOUERA UNE PASSION ÉTERNELLE À SA GAWASAKI 750. (ATTENTION AU RADAR, PAULETTE.)
JE N'AI BESOIN DE PER-SONNE EN HALEY DAVID-SON...

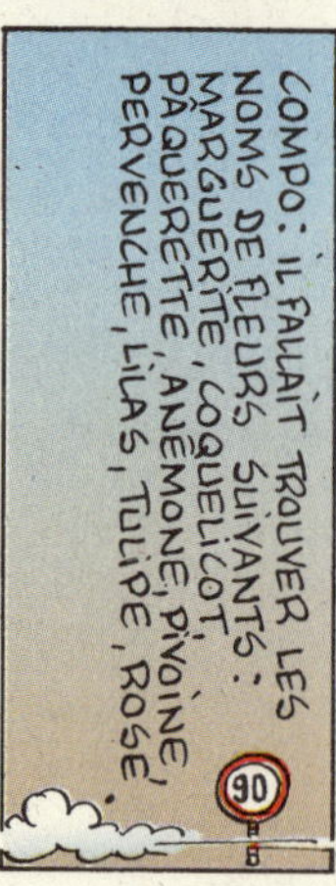
COMPO : IL FALLAIT TROUVER LES NOMS DE FLEURS SUIVANTS : MARGUERITE, COQUELICOT, PÂQUERETTE, ANÉMONE, PIVOINE, PERVENCHE, LILAS, TULIPE, ROSE
90

MAIS... C'EST PARFAITEMENT EXACT !

SEULEMENT, JE T'AI DIT DE TE FAIRE AIDER PAR LES LECTEURS... PAS DE TE FAIRE REM-PLACER TOTALEMENT !

C'EST POURQUOI, AVANT D'ÊTRE RÉINTÉGRÉ, TU ÉCOPERAS D'UNE CORVÉE...

DU NERF... JE VEUX QU'IL FASSE BEAU CET ÉTÉ !
FIN

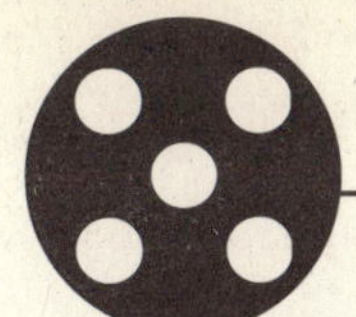

Inspecteur ZBU

Borrini & Omond

BRR! FAIT PAS CHAUD!
UN TEMPS À NE PAS METTRE UN INSPECTEUR MARTIEN DEHORS!

C'EST LÀ QU'ON VA?
LE MARS BOXING CLUB. CE SOIR, C'EST LE SUPER CHAMPIONNAT!
MARS BOXING CLUB

JE SUIS LE PRÉSIDENT DU MBC ET C'QUI ARRIVE EST PLUTÔT MOCHE!
VOUS M'EN SERREZ UNE?
NON MERCI, J'AI LES DOIGTS GELÉS!
JE SUIS L'AGENT B2!

SALUT, P'TIT GARS!
ALLONS VOIR C'QUI VOUS AMÈNE!
PAF
AÏE!

BIN VOILÀ, ON NOUS A CASSÉ NOTRE PÈSE-PERSONNE! SI C'EST PAS MALHEUREUX!
C'EST PAS QU'ON SOIT DES MIDINETTES... LA BALANCE DÉTERMINE LA CATÉGORIE DES BOXEURS!
SAPRISTI! ON VA PAS ARRÊTER LES GENS POUR ÇA!
JE COMPRENDS MIEUX: UN POIDS LOURD POURRAIT SE PRÉTENDRE POIDS MOYEN ET ÉCRASER SES ADVERSAIRES!!!
BOXING

LES GARS DU CLUB SONT DES GARS RÉGLO, P'IS JE CONNAIS LEUR POIDS... C'EST POUR LES VISITEURS QUE JE M'INQUIÈTE!
BIEN SÛR, OÙ SONT-ILS?

VOILÀ LES POIDS MOYENS!
BON, ALORS, TU M'AS ASSEZ VU?
C'EST QUOI, CE PLAN? ON FAIT LA REVUE?
ON N'EST PAS LES FILLES DU LIDO!
ÇA VA, LES GARS HEU... BOUM BOUM!!!

HEU, IL Y A EN EFFET UN TRICHEUR... MAIS JE PRÉFÈRE QUE VOUS LE LUI DISIEZ VOUS-MÊME...
ANNONCE LA COULEUR!!
Borrini-Omond 98

ET TOI, ES-TU AUSSI PERCUTANT QUE ZBU?

SOLUTION : LE BOXEUR CUBIQUE A TRICHÉ ! CAR VU LA PROFONDEUR DE SES TRACES DANS LA NEIGE, IL A UNE TRÈS FORTE DENSITÉ (RAPPORT POIDS-VOLUME).

AH! L'ARMURE, TOUJOURS L'ARMURE!
COMMENT SE NOMMENT LES DIFFÉRENTES PARTIES D'UNE ARMURE?
JEU.1
1. 2. 3. 4. 5. 6. 7. 8. 9. 10.
a. CUISSOT
b. SOLERET À POULAINE
c. ÉPAULIÈRE
d. TASSETTE
e. CUBITIÈRE
f. PLASTRON
g. GANTELET
h. JAMBIÈRE
i. GENOUILLÈRE
j. COTTE DE MAILLES
JEU.2
PAR QUEL CHEMIN ACCÈDE-T-ON AUX OUBLIETTES?
JEU.3
COMBIEN DE FLÈCHES VAUT LA CATAPULTE?
JEU.4
COMBIEN DE BOULETS DÉFERLENT-ILS SUR LE CHÂTEAU FORT?
by Colonnier.13

SOLUTIONS: JEU1: 1F, 2D, 3J, 4A, 5I, 6H, 7C, 8E, 9G, 10B. JEU3: LA CATAPULTE VAUT 57 FLÈCHES. JEU4: 29

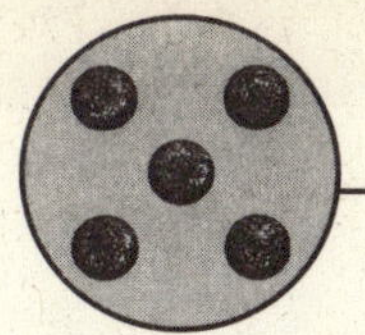

Joue avec La Petite Lucie

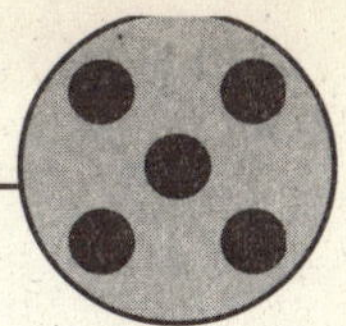

Joan

La Petite Lucie a lancé une balle en plastique qui rebondit dans tous les sens, tellement vite qu'on ne la voit pas sur ce dessin. A l'aide d'un rapporteur, d'une règle et d'un stylo, essaie donc de localiser cette balle en calculant sa trajectoire à partir du premier impact (déjà tracé en rouge sur le dessin). Sache que chaque impact se fait toujours sur un objet et qu'il y en a 16 après le premier sur la louche. Voici les angles des impacts dans l'ordre chronologique : 45°, 30°, 45°, 60°, 45°, 90°, 45°, 90°, 90°, 30°, 90°, 60°, 90°, 45°, 45°, 90°

SOLUTION → Après la louche, la balle touche l'ampoule du plafonnier, puis le réveil, puis l'avion d'en haut, le camion sur l'étagère, le fanion, la lampe de chevet, la coupe, l'araignée, le pot de fleurs de la fenêtre du haut, le skate-board, l'horloge, la casserole, la gourde, la tasse, le pot de fleurs suspendu, la bouteille d'eau, pour finir dans l'assiette.

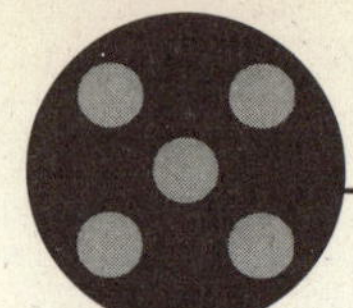

Des Jeux pour jouer avec Pic & Zou

Pic

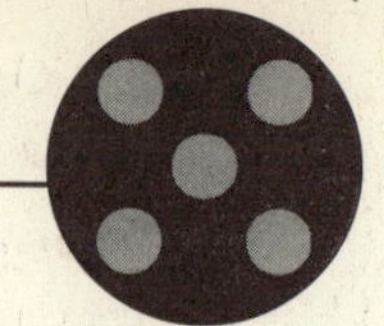

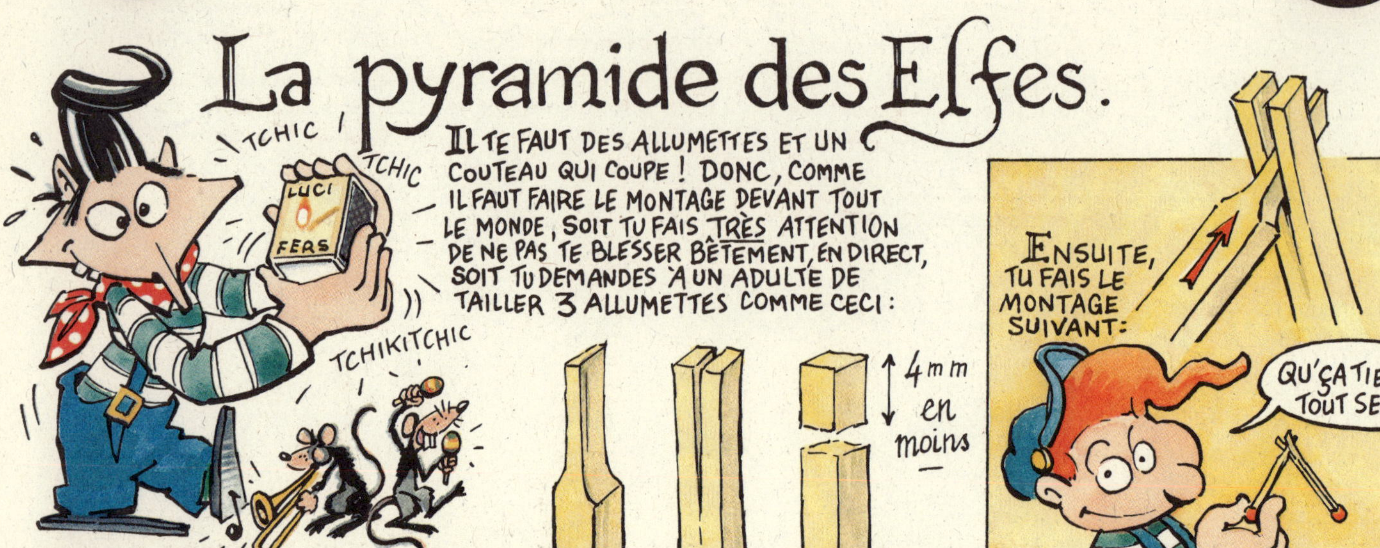

La pyramide des Elfes.
TCHIC
TCHIC
LUCI FERS
TCHIKITCHIC
IL TE FAUT DES ALLUMETTES ET UN COUTEAU QUI COUPE ! DONC, COMME IL FAUT FAIRE LE MONTAGE DEVANT TOUT LE MONDE, SOIT TU FAIS TRÈS ATTENTION DE NE PAS TE BLESSER BÊTEMENT, EN DIRECT, SOIT TU DEMANDES À UN ADULTE DE TAILLER 3 ALLUMETTES COMME CECI :
4 mm en moins
ENSUITE, TU FAIS LE MONTAGE SUIVANT :
QU'ÇA TIENNE TOUT SEUL !

COMMENT RÉALISER TA PYRAMIDE ?
C'EST TRÈS COMPLIQUÉ
JUSTE POSÉ...
ET VOILÀ !
E.P. JACOBS
©PIC
BIP BIP
ÇA TIENT ! MAINTENANT, IL FAUT SOULEVER CE TRIPODE EN SE SERVANT UNIQUEMENT D'UNE SEULE 4e ALLUMETTE !

JE SAIS ! ON ALLUME L'ALLUMETTE !

– NON. SANS ALLUMER L'ALLUMETTE !...

LAISSE-LES ESSAYER AUSSI LONGTEMPS QUE POSSIBLE. EN GÉNÉRAL, EN S'Y METTANT À PLUSIEURS, IL EST POSSIBLE DE TROUVER !

MAIS SI ON FAIT BRÛLER...

SANS ALLUMER L'ALLUMETTE !!!

AH. IL EST ENCORE TEMPS D'ALLER ESSAYER DE TROUVER TOI-MÊME !

SINON, VOILÀ LA SOLUTION.

1

PLOC

B

A

BLOC !

2

3

4

EN ÉCARTANT DOUCEMENT VERS LE CÔTÉ LES DEUX ALLUMETTES SOLIDAIRES, LA PLUS COURTE VA TOMBER SE LOGER DANS UN P'TIT ESPACE OÙ TU VAS LA BLOQUER (A, B)

PASS'QUE DES FOIS, EN ALLUMANT L'AMULETTE...

NAN !

JEU 1
CETTE LETTRE EST DÉCHIRÉE, MAIS QUEL EST LE MORCEAU EN TROP?
1. 2. 3. 4. 5. 6. 7. 8. 9.
RAPPORTS ÉPISTOLAIRES
by Colmmier. 14
IL EST TELLEMENT ÉMU QU'IL A DÉCALÉ LES LETTRES DE L'ALPHABET D'UNE PLACE!
RVPJ!VOF UBYF TVS MFT SBZVSFT!
Mr PLOPLOOP
JEU 2

JEU 3
COMBIEN DE FOIS CETTE ENVELOPPE FUT-ELLE TAMPONNÉE?

JEU 4
6 1/2 P
UNITED KINGDOM
ROYAL MAIL
IL Y A 7 DIFFÉRENCES ENTRE CE TIMBRE ET SA COPIE: LESQUELLES?

UN LECTEUR M'ÉCRIT: "CHER MISTER PLOPLOOP, FAUT-IL FAIRE LES PIEDS AU MUR POUR LIRE LES SOLUTIONS DES JEUX?"
LA RÉPONSE EST: "ÉVIDEMMENT!"
JEU 5
LA HAVANE
ÔSAKA
PORTO
TORONTO
LIMA
KARÂCHI
OSLO
DOUALA
BRISTOL
D'APRÈS LEURS VILLES DE DESTINATION, DANS QUELS PAYS IRONT LES LETTRES?

EXCLUSIF! LE TIMBRE MISTER PLOPLOOP!

COLLE CE TIMBRE SUR TA DEMANDE DE DÉDICACE ET TU SERAS PRIORITAIRE!

JEU 1: LE MORCEAU 5 EST EN TROP. JEU 2: QUOI! UNE TAXE SUR LES RATURES! JEU 3: 16 FOIS
JEU 4: 1- GRAIN DE BEAUTÉ - 2- OEIL - 3- 6 1/3 P - 4- KINGDOM POUR KINGDOM - 5- DIAMANT EN PLUS SUR LE SCEPTRE
6- CADRAN SUR LE CLOCHER - 7- SOMMET DE LA COURONNE - JEU 5: LA HAVANE (CUBA), ÔSAKA (JAPON), PORTO (PORTUGAL), KARÂCHI (PAKISTAN), LIMA (PÉROU), TORONTO (CANADA), BRISTOL (ROYAUME-UNI) DOUALA (CAMEROUN) OSLO (NORVÈGE)

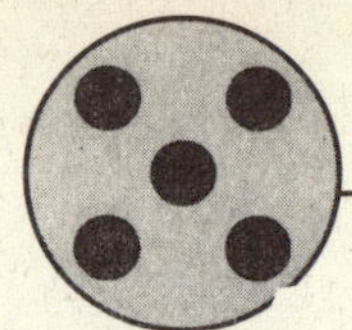

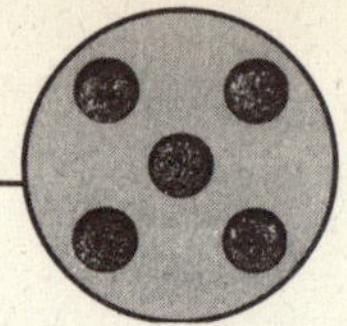

Joan

MECANO-LUCIE

Aucun des véhicules ci-dessous n'a les bonnes roues ; aide donc la petite Lucie à intervertir celles-ci avant qu'un accident ne se produise.

[1] Les roues du tracteur sont à la case 7 - [2] Les roues du landau sont à la case 6 - [3] Les roues de la voiture sont à la case 8 - [4] Les roues du caddie sont à la case 5 - [5] Les roues du rouleau compresseur sont à la case 9 - [6] Les roues du tank sont à la case 4 - [7] Les roues de la F1 sont à la case 2 - [8] Les roues du vélo sont à la case 1 - [9] les roues du skate sont à la case 3 -

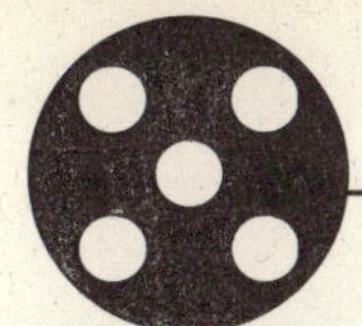
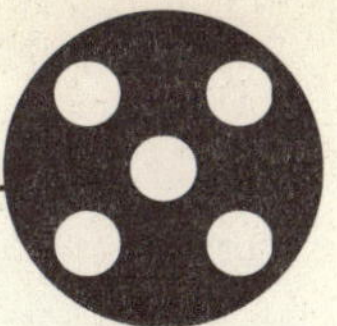

Inspecteur ZBU

Borrini & Omond

C'EST UNE HONTE ! ON VEUT M'EMPÊCHER DE GAGNER EN SABOTANT LE CHAMPIONNAT DE GOLF !
VENGEANCE !
VOICI L'INSPECTEUR DE POLICE QUI ARRIVE !
18
17

DE QUOI S'AGIT-IL ?
ON A VOLÉ LE DIX-HUITIÈME TROU ! PLUS DE TROU !!! ALORS IMPOSSIBLE DE JOUER !
MES ADVERSAIRES, CES GREDINS, AURONT EU PEUR DE MA SUPÉRIORITÉ !
18

VOICI LES QUATRE BALLES QU'IL VOUS RESTAIT !
JE POUVAIS ÉCRASER TOUS CES MINABLES ! LA VICTOIRE ÉTAIT À MOI ! À MOI !

LA VRAIE VICTOIRE RÉSIDE DANS LE CONTRÔLE DE SOI !
SOYEZ GENTLEMAN, MONTREZ VOTRE SUPÉRIORITÉ D'ESPRIT EN CÉDANT VOS BALLES AUX AUTRES JOUEURS !!!

HOP !
RIDICULE !
C'EST MESQUIN !
VOUS NE CONNAISSEZ RIEN AU GOLF !

MAIS NE LES LAISSEZ PAS PARTIR ! CE SONT DES FILOUS !
IL FAUT QUE LE COUPABLE RENDE LE DIX-HUITIÈME TROU !!
HAHA
HUM HUM

PENSEZ-VOUS !! JE RESPECTE TROP L'ESPRIT SPORTIF POUR LE LAISSER BAFOUER PAR UN TRICHEUR !
VOUS L'AVEZ TROUVÉ ? INCROYABLE ! COMMENT A-T-IL FAIT ?
BORRINI-OMOND 98
MAIS OUI, COMMENT ?

ZBU-10-

Solution : LA BOULE BLANCHE EST RETOMBÉE PAR TERRE CAR LE JOUEUR À LA LONGUE TÊTE AVAIT MIS LE TROU DANS SA POCHE !

Des Jeux pour jouer avec Pic & Zou
Pic
LA PANNE D'ESSENCE MENACE ! LA POMPE SE TROUVE DE L'AUTRE CÔTÉ DU VILLAGE QU'IL FAUT TRAVERSER - ATTENTION - VOUS DEVREZ RESPECTER, DANS LE SENS DE LA MARCHE, TOUS LES PANNEAUX DU CODE DE LA ROUTE QUI SONT SUR VOTRE CHEMIN, CAR GROBILL, LE FLIC PAS COMMODE, VOUS SURVEILLE À L'AIDE DE SES JUMELLES !
800 kg ♪
2,10 m
MAKI
-16-
DÉPART
EVIV BULGROZ
500kg
3m
2m
KIKI
La pompe
GULP
La Solution :
HÉ OUI ! C'ÉTAIT SUPER-FACILE !
RAPPEL : SENS OBLIGATOIRE.
SENS INTERDIT !
IL EST AUSSI INTERDIT :
: DE TOURNER À DROITE
: DE TOURNER À GAUCHE.
: AUX PLUS DE 3 mètres DE LARGE.
: AUX PLUS DE 2 kilos.

Les Femmes en Blanc

Bercovici & Cauvin

QU'EST-CE QU'ELLE FAIT, LA PETITE ?

COMME D'HABITUDE ! ELLE EST DANS SA CHAMBRE. ELLE ÉTUDIE !

SLAM
AÏE AÏE AÏE ! ET QU'EST-CE QU'ELLE A RAMENÉ, CETTE FOIS-CI ? UN CERVELET ? UN CÔLON ?
N'Y PENSE PAS, VOYONS ! ÇA VA ENCORE TE COUPER L'APPÉTIT !

EXACT !

TU LE SAIS, TOI, CE QU'ELLE ÉTUDIE ?
NON !

CE N'EST PAS NORMAL ! J'AIME SAVOIR CE QUI ENTRE DANS CETTE MAISON ET CE QUI EN SORT...
QUAND TU AURAS FINI, TU IRAS LUI DEMANDER !!!

OUAIS !

Les Femmes en Blanc

Bercovici & Cauvin

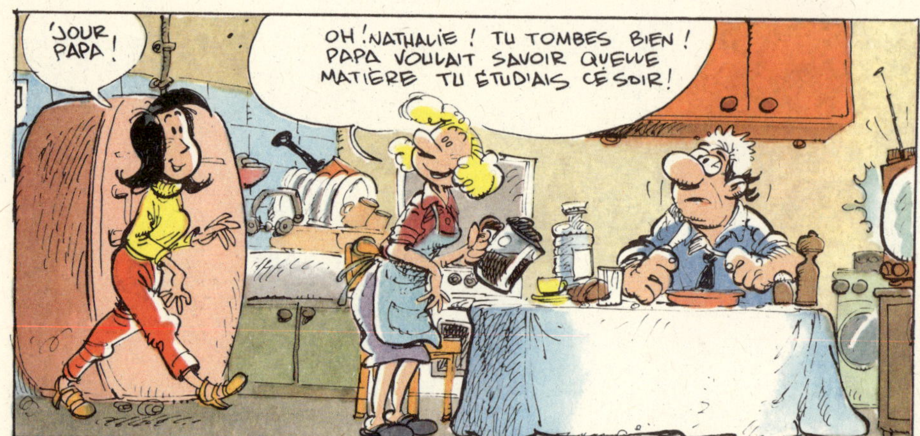
'JOUR PAPA!
OH! NATHALIE! TU TOMBES BIEN! PAPA VOULAIT SAVOIR QUELLE MATIÈRE TU ÉTUDIAIS CE SOIR!

KISS
LES DOIGTS! J'EN AI RAMENÉ UN. TU VEUX VOIR?
NATHALIE! N'EMBÊTE PAS TON PÈRE! TU SAIS QU'IL A HORREUR DE CES CHOSES-LÀ!

ÇA, C'EST INCROYABLE! QUI A VOULU QUE JE FASSE DES ÉTUDES D'INFIRMIÈRE?...
JE TRAVAILLE DANS LA MÉCANIQUE... TU M'AS DÉJÀ VU RAPPORTER DES BOULONS?...

ALLONS, ALLONS! VOUS N'ALLEZ TOUT DE MÊME PAS ENCORE COMMENCER À VOUS DISPUTER....
EEEH! MAIS OÙ EST-IL?!
QUOI DONC?

BEN, MON DOIGT! JE L'AVAIS MIS PRÈS DU CANTAL, EMBALLÉ DANS DU CELLOPHANE...

...

BROLOUDLOBLOUBLOUGLOBLLL

NON MAIS, CE N'EST PAS VRAI! ON AURA TOUT FAIT POUR ME FAIRE RATER MES EXAMENS!
BOUAARK GLBLRRUGL RBL

MAIS NON MAMAN! IL NE S'EST RIEN PASSÉ ENTRE NOUS! TOUT CE QUE JE TE DEMANDE, C'EST DE POUVOIR RESTER ICI JUSQU'À CE QUE LA PETITE AIT OBTENU SON DIPLÔME! C'EST TOUT!

348

BLANC

COUCOU ! C'EST MOI !
ENFIN ! VITE ! ENTRE !

IL N'Y A PAS DE DANGER ?
MAIS NON ! PAPA ET MAMAN REGARDENT LA TÉLÉ EN BAS !

MA CHÉRIE !
MON AMOUR !

QU'EST-CE QU'ELLE FAIT, TA FILLE, LÀ-HAUT ?
ELLE PRÉPARE SES EXAMENS ! ELLE A RAMENÉ DU TRAVAIL DE L'ÉCOLE !

ENCORE ! ET QUOI, CETTE FOIS-CI ? UNE LANGUE ? UN DOIGT DE PIED ? UNE VÉSICULE ?...
QU'EST-CE QUE J'EN SAIS ? DE TOUTE FAÇON, SI ELLE VEUT RÉUSSIR DANS SON MÉTIER, IL FAUT BIEN QU'ELLE PASSE PAR LÀ !

ILS VONT FINIR PAR LA RENDRE FOLLE AVEC TOUT CE BOULOT ! ELLE NE TIENDRA PAS LE COUP ! TOUS LES SOIRS, C'EST PAREIL ! ELLE FINIRA PAR CRAQUER !
C'EST DUR, SI ON VEUT ARRIVER !

JE VAIS LUI MONTER UN PEU DE CAFÉ ! ÇA LUI FERA DU BIEN !
OCTAVE, TU ES UN VRAI PÈRE ! ELLE A DE LA CHANCE DE T'AVOIR ! POURTANT, DIEU SAIT COMME TU AS HORREUR DE VOIR CES CHOSES !
1

Les Femmes en Blanc

Bercovici & Cauvin

AÏE AÏE AÏE ! QU'EST-CE QUE JE VAIS ENCORE DÉCOUVRIR ? VOYONS VOYONS... LA DERNIÈRE FOIS, QU'EST-CE QUE C'ÉTAIT ENCORE ?

AH OUI ! UN INTESTIN GRÊLE !
ET À PRÉSENT ?
J'AI PEUR DE SAVOIR !
CLINK CLINK

VOYONS, OCTAVE ! DU COURAGE !
TOC TOC
SURTOUT NE PAS T'ÉVANOUIR !

NATHAALIIIIE !...
AÏE ! PAPA !

UN INSTANT, PAPA !
VITE ! SAUVE-TOI !

VITE ! VIIIITE !

ET MEEEEE
OH NOOOON !!

NATHALIIIIIE !!
VOILÀ VOILÀ, PAPA !

SURTOUT NE BOUGE PAS ! TIENS-TOI LE PLUS RAIDE POSSIBLE ! LES YEUX GRANDS OUVERTS !.. J'ESPÈRE QU'IL N'Y VERRA QUE DU FEU !...
M...MOI AUSSI...

HÉ BIEN !... QU'EST-CE QUI SE PASSE ? TU EN AS MIS DU TEMPS POUR OUVRIR LA PORTE...
EUH... EXCUSE-MOI, PAPA ! TU SAIS BIEN... LE TRAVAIL ....
JE T'AI APPORTÉ UN PEU DE CAFÉ !
2

Les Femmes en Blanc

Bercovici & Cauvin

EUH... AHEM... QU'EST-CE QUE TU DOIS ÉTUDIER ?
HÉ HÉ...
HEU, BEN... JE...

AAAAAAAH!!?

MMGNNBÉLÉMMGNGNGNMG

B...BERTHE !... T...T...TU NE VAS PAS ME CROIRE ! ELLE... ELLE A RAMENÉ UN CADAVRE ENTIER !
JUSTE CIEL !

CETTE FOIS, C'EN EST TROP ! ILS VONT M'ENTENDRE !
QU... QU... QU'EST-CE QUE TU COMPTES FAIRE ?

LE RAMENER D'OÙ IL VIENT !!
OÙ ÇA ? OÙ ÇA ?
JULIO ! NOOON ! JE T'EN SUPPLIE ! S'IL APPRENAIT, IL NE ME LE PARDONNERAIT JAMAIS !

NE T'EN FAIS PAS ! DEMAIN, À LA PREMIÈRE HEURE, JE TE SORTIRAI DE LÀ !
MAIS OÙ VEUT-IL M'EMMENER ? OÙ ?!!

À LA MORGUE !
HEEEEELP

Les Femmes en Blanc

Bercovici & Cauvin

MAIS... PAPA...
SUFFIT, NATHALIE ! CETTE FOIS, ILS ONT ÉTÉ TROP LOIN !

J'AIME MIEUX AVOIR UNE FILLE BIEN ÉQUILIBRÉE ET CHÔMEUSE QU'UNE FILLE INFIRMIÈRE COMPLÈTEMENT ZINZIN !...

HOPITAL

JE VOUDRAIS DIRE DEUX MOTS AU PROFESSEUR GILOT !
À CETTE HEURE ? MAIS IL N'EST PAS LÀ ! QU'EST-CE QUE VOUS LUI VOULEZ ?

LUI RENDRE ÇA !
BAAM

ET VOUS LUI DIREZ QUE DÉSORMAIS JE NE TOLÉRERAI PAS PLUS DE 500 GRAMMES DE DEVOIRS À DOMICILE ! JE VOUS SALUE, MOSSIEUR !
IL EST TOUT À FAIT FOU, CE TYPE !

ME RAPPORTER UN CADAVRE COMME ÇA EN PLEINE NUIT ! ON AURA TOUT VU !...
MORGUE
ET QU'EST-CE QU'IL VEUT QUE J'EN FASSE ?

TIRERAI ÇA AU CLAIR, DEMAIN !
NON MAIS...

CREEEEGR

CLAC CLAC
CLAC CLAC

CLAC
CLAC
CLAC

LE LENDEMAIN MATIN...
UN CADAVRE ? CETTE NUIT ? BIEN SÛR QU'ON M'EN A AMENÉ UN ! UN OLIBRIUS FOU FURIEUX ! JE N'AI PAS COMPRIS UN MOT DE CE QU'IL DISAIT ! SUIVEZ-MOI, JE VAIS VOUS Y CONDUIRE...

EH ! OH !? TIENS ? IL A DISPARU !... À MON AVIS, ILS SONT VENUS LE CHERCHER POUR LE DISSÉQUER !...

MON DIEU ! MON DIEU MON DIEU ! MON DIEU MON DIEU MON DIEU...

VOUS ÊTES TRÈS EN RETARD, MADEMOISELLE BONNET ! NOUS EN AVIONS PRESQUE TERMINÉ ! APPROCHEZ ! JE VAIS VOUS DONNER L'ORGANE QUE VOUS AUREZ À ÉTUDIER CE SOIR CHEZ VOUS !

JULIO ! TU M'EN VEUX, DIS ? JULIO, TU M'ENTENDS ?! DIS-MOI QUE TU M'ENTENDS ! OU ALORS FAIS-MOI UN SIGNE ! UN PETIT SIGNE ! JULIO !!...!!
OCTAVE ! QU'EST-CE QU'ELLE A ? POURQUOI DISCUTE-T-ELLE DEPUIS DES HEURES AVEC CETTE OREILLE ?

JE TE L'AVAIS DIT BERTHE, QU'ILS AURAIENT FINI PAR LA RENDRE FOLLE !
FIN
5

Les Psy

Bédu & Cauvin

ALLEZ-Y, JE VOUS ÉCOUTE !
BEN VOILÀ ! JE SUIS UN JOUEUR DE FOOTBALL ET J'OCCUPE LE POSTE D'AILIER GAUCHE...

DANS QUEL CLUB ?
L'OLYMPIC DE FONTENOY !
DANS LE TEMPS, J'AI JOUÉ AU FOOTBALL-CLUB DE HAUBRAY ! MAIS MOI, JE JOUAIS ARRIÈRE DROIT...

EUH... BON !... CONTINUEZ !
DEPUIS LE DÉBUT DU CHAMPIONNAT...

CHAQUE FOIS QUE JE MARQUAIS UN BUT...

MTHU MTHU
MTHU MTHU

AU DÉBUT, ÇA NE M'A RIEN FAIT, JE TROUVAIS MÊME ÇA PLUTÔT MARRANT...

MAIS DE MATCH EN MATCH...
MOP

DE BUT EN BUT...
POP

J'AI COMMENCÉ À TROUVER ÇA...

AGAÇANT!
C'EST PAS BIENTÔT FINI! HEIN ?!
DITES!

PAR LA SUITE,...
SAKAI

CELA M'EST DEVENU INSUPPORTABLE...
NOOON!!

VOIRE ÉPROUVANT!...

LE RÉSULTAT NE S'EST PAS FAIT ATTENDRE...
DST
TGV

1/2

Les Psy

Bédu & Cauvin

MAINTENANT, QUAND JE ME PRÉSENTE BALLON AU PIED, DEVANT LE BUT ADVERSE...
?

J'ATTRAPE COMME UN BLOCAGE!...

DU COUP, BIEN SÛR, PLUS PERSONNE NE ME SAUTE DESSUS... BIEN AU CONTRAIRE!...

MÊME L'ENTRAÎNEUR MENACE DE ME RENVOYER DU CLUB!...

DOCTEUR, AU SECOURS! DITES-MOI CE QUE JE DOIS FAIRE!... LE FOOTBALL, C'EST TOUTE MA VIE!!...

VENEZ AVEC MOI! IL Y A UN TERRAIN PAS LOIN D'ICI!...
QU'EST-CE QUE VOUS VOULEZ FAIRE?

VOUS DÉBARRASSER DE CETTE PHOBIE QUI VOUS ANÉANTIT CHAQUE FOIS QUE VOUS VOUS TROUVEZ DEVANT LA CAGE D'UN GARDIEN DE BUT!...
?

OLYM
MioCard
MioCard
HI-F
IDEO
WC

VOILÀ! VOUS ALLEZ MARQUER UN BUT!
C'EST TOUT SIMPLE, NON?...
1/3

MAIS... MAIS ILS VONT TOUS ME SAUTER DESSUS !
QUI ÇA "TOUS" ?

REGARDEZ VOUS-MÊME... NOUS SOMMES SEULS !...

ALLEZ-Y ! QU'EST-CE QUE VOUS ATTENDEZ ?...

J'OSE PAAAAS !
?

ALLEZ-Y, J'AI DIT !

BRAVO !
GOAAAL !
PAF

adas
adad

NOOOON !

J'AVOUE N'AVOIR PAS TRÈS BIEN SAISI VOTRE PROBLÈME, CHER CONFRÈRE ! ET SI VOUS RECOMMENCIEZ À ZÉRO ?...
ÇA REMONTE À DES ANNÉES, QUAND JE JOUAIS AU FOOTBALL... CHAQUE FOIS QUE L'UN D'ENTRE NOUS MARQUAIT UN BUT, ON LUI SAUTAIT DESSUS... DEPUIS LE TEMPS, JE CROYAIS AVOIR PERDU CETTE MANIE...
EH BEN, NON !
1/4

BÉDU - CAUVIN

ALLEZ-Y, JE VOUS ÉCOUTE !

EH BIEN, VOILÀ... IL Y A QUELQUES SEMAINES ET BLABLABLA ET BLABLABLA... ALORS, JE ME SUIS DIT ET BLABLABLA ET BLABLABLA...

... ET DEPUIS, JE NE SUIS PLUS MOI !...

C'EST TRÈS BIEN ! REVENEZ ME VOIR DANS UNE QUINZAINE DE JOURS.

ET VOILÀ, CHÉRIE ! JE VIENS DE ME CONSULTER ET JE ME SENS DÉJÀ MIEUX !
FRANCHEMENT, JE NE TE COMPRENDS PAS ! POURQUOI NE VAS-TU PAS CONSULTER UN AUTRE DE TES COLLÈGUES ?

TU N'Y PENSES PAS ? AU PRIX QUE ÇA COÛTE !
6/A

CAUVIN - BÉDU

OOWAAAH... EXCUSEZ-MOI !... ALLEZ-Y, JE VOUS ÉCOUTE, MONSIEUR BEAURANG !...
DÉJÀ TOUT PETIT, JE MENTAIS À MES PARENTS...

DIX SUR DIX DANS TOUTES LES BRANCHES, MAIS C'EST TRÈS BIEN ÇA !... JE PEUX VOIR TON BULLETIN ?
C'EST... C'EST QUE... JE... JE L'AI OUBLIÉ À L'ÉCOLE, PAPA !...

ROBERT, VA ME CHERCHER TON BULLETIN !
OUI, PAPA...

AAAAH !

ROBERT, ICI !
NON, PAPA !

EN FIN DE COMPTE, ÇA SE TERMINAIT TOUJOURS DE LA MÊME FAÇON...

LES ANNÉES PASSANT...
ROBERT, JURE QUE TU N'AIMES QUE MOI...
JE TE LE JURE, MA CHÉRIE !

JAMAIS JE N'AI PU ME DÉBARRASSER DE CE VILAIN DÉFAUT...
TU M'ÉPOUSERAS, NOUS VIVRONS HEUREUX ET NOUS AURONS BEAUCOUP D'ENFANTS ?
MOUI, MON MAMOUR !

BIEN AU CONTRAIRE...
JE T'AIMERAI TOUTE MA VIE...
MONIQUE !
OUI ?
3/A

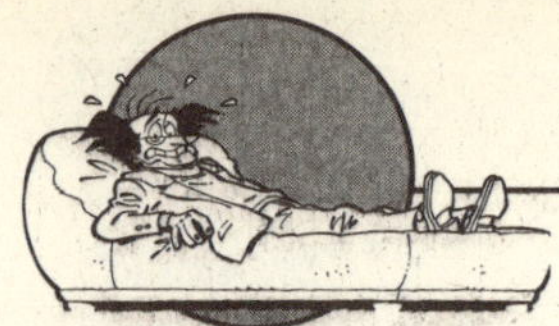

IL T'A PARLÉ DE MARIE-JEANNE?
N...NON!

BIZARRE! IL LUI A PROMIS LE MARIAGE AVANT-HIER!... NOTE QU'À EVELYNE AUSSI... MAIS ÇA, C'ÉTAIT LA SEMAINE PASSÉE...

ROBEEEERT...
OUIIII
PETPETT

PAF! TOC

JE PRÉSUME QUE VOUS ÊTES RESTÉ CÉLIBATAIRE?
OUI!...OH, MAIS J'AI FAILLI ME MARIER!... ÇA N'A TENU QU'À UN POIL...

...C'ÉTAIT À BRUXELLES, IL N'Y A PAS SI LONGTEMPS...
AVANT D'UNIR CES DEUX ÊTRES DEVANT DIEU ET POUR L'ÉTERNITÉ, Y A-T-IL QUELQU'UN DANS CETTE ÉGLISE QUI A QUELQUE CHOSE, LÀ CONTRE, UNE FOIS?...
PWAAP

OUÈÈÈ!
MOÂ!

ET ÇA S'EST ENCORE TERMINÉ DE LA MÊME FAÇON...
ADELINE, REVIENS! JE TE JURE, JE NE LA CONNAIS MÊME PAS!

ALORS JE ME SUIS DÉCIDÉ À FAIRE DE LA POLITIQUE. JE NE POUVAIS TOUJOURS PAS M'EMPÊCHER DE MENTIR, MAIS DANS CE MILIEU, AU MOINS, JE N'ÉTAIS PAS LE SEUL!
...ET AVEC MOI, FINI LE CHÔMAGE! IL Y AURA DU TRAVAIL POUR TOUS! ENFIN NOUS VERRONS DES AGRICULTEURS HEUREUX!
BRAVO!
DDT
3/8

... LES INFIRMIÈRES, LES ASSISTANTES SOCIALES RETROUVERONT LEUR SOURIRE ...
BRAVO!
BRAVO!

LES ENSEIGNANTS, LES CONDUCTEURS DE MÉTRO, LES ÉMIGRÉS, LES FONCTIONNAIRES, LES MILITAIRES... TOUS, VOTEZ POUR MOI !... CE QUE MES PRÉDÉCESSEURS N'ONT PAS PU FAIRE POUR VOUS...

MOI, JE LE FERAI, JE LE JURE!
BRAVO!

ET BIEN SÛR, VOUS AVEZ ÉTÉ ÉLU ET VOUS AVEZ FAIT COMME LES AUTRES... AUTREMENT DIT, RIEN !
C'EST ÇA... C'EST EXACTEMENT ÇA...

ET EN FIN DE COMPTE, ÇA S'EST TERMINÉ DE LA MÊME FAÇON...
BOUH!

SI JE COMPRENDS BIEN, VOUS VOUDRIEZ QUE JE VOUS AIDE À TROUVER UN JOB OÙ VOUS POURRIEZ MENTIR À L'AISE...
SANS QU'ON ME TAPE DESSUS...

...ET PAYÉ, EN PLUS...
NATURELLEMENT!

ÇA PEUT SE TROUVER...
ET ÇA NE SE TERMINERA PAS DE LA MÊME FAÇON ?
NOOON ! DEPUIS LE TEMPS QUE ÇA DURE...

JE SAIS, HIER, NOUS AVIONS PRÉVU DE FORTES CHALEURS... MAIS C'ÉTAIT SANS COMPTER SUR L'ANTICYCLONE CENTRÉ SUR LE GOLFE DE GASCOGNE QUI NOUS A ENVOYÉ CET AIR FROID ET HUMIDE... À PRÉSENT, PASSONS AUX PRÉVISIONS POUR DEMAIN ET LES JOURS SUIVANTS...
JE PARIE QU'IL VA ENCORE NOUS ANNONCER 25° POUR DEMAIN ET QU'IL VA ENCORE GELER CETTE NUIT...
BAH ! QUELLE IMPORTANCE... TOUT LE MONDE S'EN FICHE ET LUI, IL EST HEUREUX !
MÉTÉO
3/C

BÉDU - CAUVIN

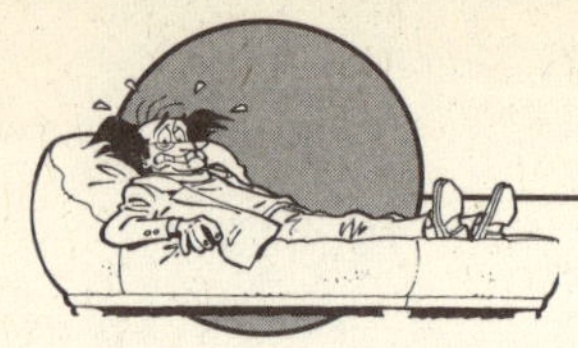

Les Psy

Bédu & Cauvin

AU SUIVANT...

MONSIEUR?
DAMBRAIN...JULES DAMBRAIN!
INSTALLEZ-VOUS!

ALLEZ-Y, JE VOUS ÉCOUTE!...
EH BIEN, VOILÀ! JE SUIS PLOMBIER DE MON ÉTAT...

?

VOUS... VOUS AVEZ VOS OUTILS?
EUH... EN BAS, DANS LA CAMIONNETTE MAIS...

ALLEZ LES CHERCHER, VOULEZ-VOUS?
?

PLUS TARD...
ÇA FAIT DEUX MOIS QUE CETTE @£$%! DE ROBINET FUIT!... MAIS QUE ÇA NE VOUS EMPÊCHE PAS DE PARLER! ALLEZ-Y, JE VOUS ÉCOUTE...
KLING KLANG

ENCORE PLUS TARD...
ALORS, NOUS DISONS DONC PROCHAIN RENDEZ-VOUS JEUDI 14H!... EN ATTENDANT, SI VOUS VOULIEZ BIEN PAYER MES HONORAIRES!...

SI JE COMPRENDS BIEN, TU LUI AS RÉPARÉ SON ÉVIER, SES TOILETTES ET SA SALLE DE BAINS ET C'EST ENCORE TOI QUI AS DÛ PAYER!?... À MON AVIS, TU T'ES FAIT AVOIR QUELQUE PART...
OUAIS, MAIS OÙ?
8/A

CAUVIN - BÉDU.

Garage Isidore

Olis & Gilson

?

?

??

HELLO HELLO!
ENFIN, VOUS VOILÀ! ÇA FAIT UNE SEMAINE QUE VOTRE RÉPARATION EST TERMINÉE!

DÉSOLÉ, ON A EU UNE GRÈVE...
LA PROCHAINE FOIS, AMENEZ-LE MOI VIDÉ!

Garage Isidore

Olis & Gilson

VROUP VROUP
SPT
VROUP VROUP VROUP
SPT
VROUP VROUP

L'APPRENTI! PETITE LEÇON!

JE TE PARIE QUE CELUI-CI ROULE SUR TROIS CYLINDRES... FIL DE BOUGIE DÉBRANCHÉ...
VROUP VROUP SPT VROUP VROUP SPT

YOUPIE
?

L'ÉTOFFE D'UN GRAND GARAGISTE, FISTON : RECONNAÎTRE UNE PANNE À L'OREILLE ...

CROUïK CROUïK CROUïK CROUïK CROUïK
COURROIE!

BANCO.
?

CRAK CRRAK CRAÏGRAA CLANK
OUÏOUILLE! BOÎTE DE VITESSES! UN PIGNON À CHANGER!

OLÉ.
?

MMH?...
??

POUÊÊT
SLOUP TWUIT
ZURRGLOP
POKEZIP
ET RALPONPOM.

DANS L'BABA.
BOJOUW, M'SIEUUUH DÂM! JE CWOIS QUE J'AI MON INJECTEUR DE CRÈME FRAÎTCH QUI BERZOUILLE DANS LE PRESSE-GRELUCHE ...
BIG CHAMBARD CIRCUS

Garage Isidore

Olis & Gilson

VAS-Y !... VITESSE MAXIMUM ! APPROCHE-LE BIEN PAR LE BAS !
BASF 30

Z-PPDA
ENCORE ! ENCORE !

JE L'AI !

OUÂÂÂÂH !

AU BOULOT ! MAIS @#*!!, JE SUIS DINGUE, DINGUE, DINGUE !

ÇA Y EST, LES GARS ! IL RÉPARE, CE DINGUE !
BIEN REÇU ! ET QUE DIEU PROTÈGE LES DINGUES !

PFF PFF PFF...

VLOP
JE VAIS POUVOIR ENFIN ME POSER, JE N'AI PRESQUE PLUS DE JUS !
OUF !

Z-PPDA

...ET TOI, TON PATRON, AU GARAGE ?
BEN... TOUT À L'HEURE, IL EST REVENU ÉPUISÉ EN ME LANÇANT FIÈREMENT : "J'AI RÉPARÉ UNE CREVAISON ! C'ÉTAIT DINGUE, DINGUE, DINGUE !"
M'EST AVIS QUE LUI L'EST UN PEU, PARFOIS !
oulangerie
âtisserie

Garage Isidore

Olis & Gilson

BIG CRASH

BIG CRASH
5

WRZZZZZZ

ET POUM!
OW! THAT HURT HONEY BUT PLEASE GO ON, BABY

BAM! HIHIHÂÂÂ!

ET POUM!
I'M SO SCARED RIGHT HERE TO NIGHT STAY WITH ME

BAM! HIHIHÂÂÂ!
ET POUM!
SO WE'LL COMPROMISE I CAN GUESS IN YOUR EYES
ET POUM
SHE SAYS I JUST WANNA
BAM! HIHIHÂÂÂ!

OUPS!

JE VOUS AI BIEN OBSERVÉ, LÀ... VOICI MA CARTE... J'AI LE SENTIMENT QUE VOUS EN AUREZ BESOIN UN JOUR...
?

Garage Isidore

Olis & Gilson

GARAGE ISIDORE

FICHU MÉTIER.
GARAGE ISIDORE

Garage Isidore

Olis & Gilson

...SEULEMENT DANS SIX MOIS LES NOUVELLES CAMIONNETTES?! ALORS, ACCORDEZ-MOI AU MOINS DE NOUVEAUX ESSUIE-GLACE, QUE J'Y VOIE QUELQUE CHOSE PAR TEMPS DE PLUIE !
LE BIENVEILLANT

BON, MAIS UN SEUL. LE GAUCHE PEUT SUFFIRE.
INFINIMENT MERCI QUAND MÊME !

LE BIENVEILLANT
BOÎTE À LA ...BON, IL Y A UN GARAGE ICI PLUS BAS ...
LE BIENVEILLANT
LE JOURNAL À L'ÉCOUTE DU PEUPLE

SCROUNTCH

UN ESS... UN ESS...

...UN ESSUIE-GLAGL GLACE JE VEUX UN ESS... HÉ PSST JE...J... UN ESS...ESSUIE...VITE! GLACE...UN ESS... JE GLURP
...NON, IL N'A PAS L'AIR DANGEREUX... JE FAIS QUOI EN VOUS ATTENDANT?... LUI DONNER SON ESSUIE-GLACE? BON...

Garage Isidore

Olis & Gilson

...ANDOUILLE...

...HÉ HÉ! À NOËL, MOI, C'EST RECTA: JE RETOMBE EN ENFANCE...

ÉPOQUE BÉNIE OÙ JE CROYAIS ENCORE AU...

HÉÉÉ NON, IL N'EXISTE PAS!

TU AS L'ÂGE DE RAISON, MAXIME... ALORS, DIS-TOI QUE LE PÈRE NOËL N'EST QU'UN BOBARD QU'ON RESSERT CHAQUE ANNÉE AUX GOSSES...

ALORS, LE TRAIN ÉLECTRIQUE QUE TU "LUI" AS COMMANDÉ, CE SERA UNE AFFAIRE À DÉBATTRE ENTRE NOUS, VU?

CLAP

SNAP

JE NE SAISIS PAS BIEN. RECOMMENCE.

...UN GAG À COMMETTRE CE SOIR... J'AI PENSÉ À TOI QUI TRAVAILLES AU ZOO... JE TE RÉEXPLIQUE...

PIGÉ. SYMPA. JE MARCHE.
GRAND ZIGOTO.
VI 1

Garage Isidore

Olis & Gilson

DING DONG

CHER MONSIEUR, BON-SOIR. JE...
J'AI DÉJA DONNÉ.

JE N'EN DOUTE PAS, MAIS MOI, C'EST UN COUP DE FIL QUE JE DOIS DONNER. PERMETTEZ? MERCI, VOUS ÊTES BIEN CIVIL.

S.O.S. DÉPANNAGE? 'Z'ÊTES EN SERVICE, CE SOIR?... SPLENDIDE! VOILÀ, J'AI UN PÉPIN...

... LÀ. IL NE TARDERA PAS.
?!

PÈRE NOËL!

PAS DU TOUT. CE GUIGNOL FAIT DE LA PUBLICITÉ OU QUELQUE CHOSE...
J'AI ÉTÉ TRÈS SAGE, PÈRE NOËL

DING DONG
AH! MON DÉPANNEUR.
C'EST LE PÈRE NOËL.
REDIS-LE ENCORE UNE FOIS, ET...

MAISMAISMAIS C'EST LE PÈRE NOËL?!
SALUT, ZIGOTO

EN HEURTANT UNE CHEMINÉE, J'AI FAUSSÉ LE PATIN GAUCHE DE MON TRAI-NEAU.
JE VAIS ME FAIRE UN PLAISIR DE VOUS RÉPARER ÇA, PETIT PAPA.

Garage Isidore

Olis & Gilson

JE SUIS UN P'TIT MANUEL AU SERVICE DU PÈRE NOËL
AH!... EUUUUH... MAXIME!...

C'EST BIEN UN TRAIN ÉLECTRIQUE QUE TU M'AVAIS COMMANDÉ ?
OUAIIIS!

OUAIIIIS!

OUAIIIIS
J'AI FINI. JE ME SAUVE!

CIAO, LES MARMOTS! MANGEZ BIEN VOTRE SOUPE, SOYEZ SAGES, SOYEZ DROITS, ET L'AN PROCHAIN, JE SERAI LÀ!

FINITA LA COMMEDIA!
TRALALA!

MON VIEUX, NOUS SOMMES DES SAINTS.
LES JUSTICIERS DE NOËL.
DOUBLÉS DE FAMEUX COMÉDIENS.
NOUS SOMMES FORMIDABLES.

SALUT, L'ARTISTE! RENTRE TA MÉNAGERIE!
FILE MANGER TA SOUPE, ZIGOTO!

?

Merci pour le petit Maxime! P. N.

SACRÉ ANTOINE! IL N'A PAS PU S'EMPÊCHER ...
NOS BELLES ANCÊTRES
MAQUETTE
Olis & GILSON

Pierre Tombal

Hardy & Cauvin

RICHARD WAGNER 1813-1883

BOLOMBÔLOM
TINK
POK
BLINK

TINK TONK

ALLÔ !?... LA MAISON DE LA RADIO ?!

DITES !... IL Y A EN CE MOMENT UN DISQUE QUI PASSE SUR VOS ANTENNES...
OUI...

C'EST DU WAGNER ARRANGÉ À LA SAUCE TARTARE !?...
HÉLAS... C'EST VRAI MONSIEUR...

...IL S'AGIT D'UN MORCEAU INTERPRÉTÉ PAR .. STEFFY ET LES SLIPS VIOLACÉS.." ... J'IGNORE QUI A PROGRAMMÉ CELA...

...MAIS SI RICHARD WAGNER ENTENDAIT ÇA, IL SE RETOURNERAIT DANS SON CERCUEIL...

BEN VOILÀ !... C'EST JUSTEMENT À CE PROPOS QUE JE VOUS TÉLÉPHONE...
?!...

VVRRRRRK
GO!

BRAVO!
CLAP
CLAP HOURRAH!
BRAVO
CLAP
BRAVO
CLAP
CLAP
CLAP
BRAVO!

MAGNIFIQUE SAUT !...
OUAIS... FORMIDABLE !
EXCELLENT

ICI REPOSE JEAN VERLY PARACHUTISTE RECORDMAN OLYMPIQUE DU SAUT DE PRÉCISION.
H+C.
64

Pierre Tombal

Hardy & Cauvin

CETTE NUIT, C'EST NOËL...
OUI... ILS VONT ENCORE BIEN RÉVEILLONNER!
SANS PENSER À NOUS...
C'EST CHAQUE ANNÉE LA MÊME CHOSE...

LÀ, VOUS VOUS TROMPEZ!... CETTE ANNÉE, MES ENFANTS M'ONT INVITÉ À PASSER LE RÉVEILLON AVEC EUX...
?...
?...

EH!... TU RIGOLES, OU QUOI ?!... COMMENT ILS VONT FAIRE ?...
CHUUUUT... ÉCOUTEZ...

ILS M'APPELLENT!... VOUS ENTENDEZ ?!... ILS M'APPELLENT...
PAPA... ?!... PAPA... ES-TU LÀ ?...

DITES-LUI DE SE DÉPÊCHER! ON N'ATTEND PLUS QUE LUI POUR SE METTRE À TABLE...
...SI TU ES LÀ, FRAPPE UN COUP... SI TU N'ES PAS LÀ, FRAPPE DEUX COUPS...

EXCUSEZ-MOI, MAIS IL FAUT QUE J'Y AILLE...

BLAM
À TABLE!
AAAAH... LE VOILÀ!

IL A DE LA CHANCE, LE PÈRE FRANÇOIS...
OUAIS! CE NE SONT PAS MES HÉRITIERS QUI PENSERAIENT À ÇA...
MAIS COMMENT IL FAIT POUR BOIRE ET MANGER ?
AH LÀ! ÇA DOIT SÛREMENT LUI CRÉER DES PROBLÈMES...
BAH!... L'IMPORTANT N'EST-IL PAS DE PARTICIPER, COMME DISAIT L'AUTRE ?...

Pierre Tombal

Hardy & Cauvin

BROOOOOOM

TCHÔMP
TCHÔMP
TCHÔMP
VLOUF
POK POK

JE NE VOUDRAIS PAS ME MÊLER DE CE QUI NE ME REGARDE PAS, MAIS TOUT DE MÊME...
TCHÔMP
TCHÔMP
BLOF

ET ALORS ?!... ON A TOUT DE MÊME LE DROIT DE FAIRE GRÈVE, NOUS AUSSI !
NON ?

Pierre Tombal

Hardy & Cauvin

BOUH

SNURF...

SNURF

J'AVOUE NE PAS TRÈS BIEN COMPRENDRE...?
IL VOULAIT ÊTRE INCINÉRÉ... ELLE VOULAIT UN ENTERREMENT TOUT À FAIT ORDINAIRE

ELLE A CONCILIÉ LES DEUX...!
CAUVIN + HARDY

BELANGBLANGBLANGBELANGBLANGBLANGBELANGBLANGB
ets PORCELET

BELANGKLANGKLANGBELANGBANGKLANGBELANGBLANG
ets PORCE

O.K.!
ets PORCELET

ets PORCELET

BLANG BELANG BLANG
BELANG BLANG
ets PORCELET

MAIS QUI ÉTAIT-CE ?...

UNE VÉRITABLE ORDURE! CROYEZ-M'EN, MONSIEUR ...
CAUVIN + HARDY

Pierre Tombal

Hardy & Cauvin

fuel
583652
72, r de la Station
DUBOIS

583652
r de la Station
DUBOIS

583652
2, r de la Station

ALORS, MON GARS! COMBIEN?
10.000 LITRES!...
I'M the KING

ON REMPLIT SA CUVE!? ON PREND SES PETITES PRÉCAUTIONS POUR L'HIVER?...

MAIS NON! C'EST POUR L'ENTERREMENT D'UN ÉMIR ARABE...
fuel
583652
72, r de la Station
DUBOIS
I'M the KING
CAUVIN + HARDY.

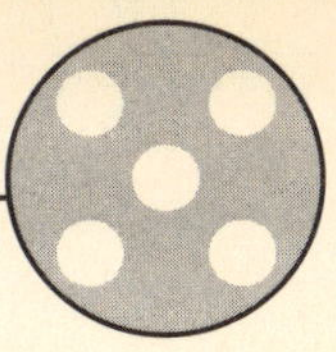

JEU·1
AVEC CES LETTRES, COMBIEN DE FOIS PEUX-TU ÉCRIRE LE MOT "ZOO"?
JEU·2
ET TOI, MULTIPLIE ET DIVISE CES CHIFFRES POUR OBTENIR 18!
2 8 6 9 3

PAR QUEL CHEMIN LE TAMANOIR VA-T-IL SE NOURRIR?

JEU·3

JEU·4

QUI EST QUI?

A - LE **KOB** N'A PAS D'ÉCAILLES ET PAS DE PLUMES.

B - LE **MAKI** EST AU DESSUS DU GECKO.

C - LE **KAMICHI** EST SOUS UN ANIMAL À POILS, MAIS LUI N'EN A AUCUN.

D - LE **PANGOLIN** EST À GAUCHE DU KOB.

E - LE **GECKO** EST À DROITE DU KAMICHI.

F - L'**ORYCTÉROPE** N'A PAS D'ANIMAL À CORNES À SES CÔTÉS, MAIS A DE BELLES OREILLES.

1. 2. 3. HOP HUM EEK SLUP GNE 4. 5. 6. TSS

SOLUTIONS

JEU1: 12 FOIS. JEU2: 8x3:2x9:6=18. JEU4: 1-PANGOLIN 2-KOB 3-MAKI 4-ORYCTÉROPE 5-KAMICHI 6-GECKO.

Inspecteur ZBU

Borrini & Omond

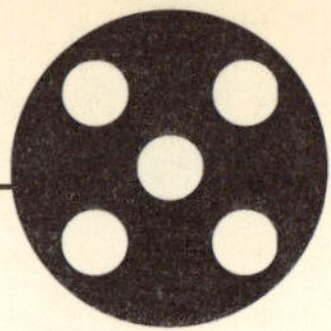

C'EST LA PREMIÈRE FOIS QUE JE METS MON COSTUME D'APPARAT... JE NE ME SENS PAS TRÈS À L'AISE !
CE N'EST PAS TOUS LES JOURS QU'ON A DROIT AUX HONNEURS !

C'EST UN PLAISIR DE VOUS ACCUEILLIR À L'HÔTEL DE VILLE ! JE VOUS FÉLICITE EN TANT QUE MAIRE DE MARS-VILLE POUR CE QUE VOUS APPORTEZ À LA CITÉ !
JE NE FAIS QUE MON MÉTIER !
SNIF ! C'EST ÉMOUVANT !

BRAVO !
VIVE ZBU !
POUR L'INSPECTEUR ZBU ! HIP HIP HIP...
WAOUW !

MERCI, LES GARS, D'ÊTRE VENUS, CELA ME FAIT CHAUD AU COEUR !
SACRÉ ZBU, TU LE MÉRITES BIEN !
UN BISOU POUR LE HÉROS DU JOUR ?
JE VOUS ARRACHE À VOS COLLÈGUES CAR LA CÉRÉMONIE SE DÉROULE SUR LE BALCON.

... C'EST GRÂCE À VOTRE INTELLIGENCE ET VOTRE PROFESSIONNALISME QUE VOUS AVEZ PU ARRÊTER TANT DE MALFAITEURS ! JE VOUS REMETS DONC LA MÉDAILLE DU MÉRITE MARTIEN !

ZUT ! LA MÉDAILLE N'EST PLUS LÀ, ON L'A DÉROBÉE ALORS QUE NOUS VENIONS JUSQU'ICI !

MALHEUREUSEMENT, IL Y A TOUJOURS DES JALOUX ET JE SAIS QUI C'EST... MAIS LAISSEZ TOMBER, JE NE VOUDRAIS PAS BRISER LA BELLE AMITIÉ DE LA POLICE !
QUE... QUE JE FASSE SEMBLANT ?!

INSPECTEUR ZBU, VOUS ÊTES UN TYPE ÉPATANT !
Borrini. OMOND 98 -
ET TOI AS-TU À JALOUSER LA PERSPICACITÉ DE ZBU ?!

SOLUTION : SEUL UN POLICIER AYANT UN TRÈS LONG BRAS POUVAIT DÉROBER LA MÉDAILLE SUR LE BORD DU BALCON, OR ON VOIT LES MAINS DU POLICIER POILU DE CHAQUE CÔTÉ DE LA FOULE.

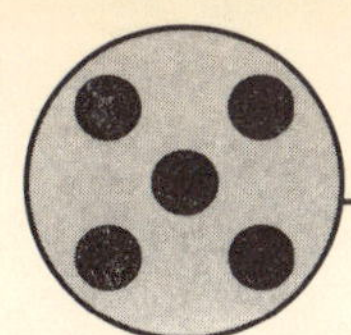

Joue avec La Petite Lucie

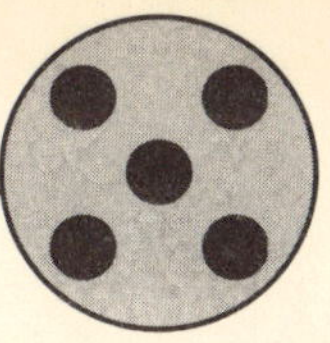

Joan

Tout le monde sait que les vampires craignent la lumière du jour... Aide donc "Vlad-Luci" la vampire à rejoindre son caveau en évitant les rayons du soleil. Avant de commencer ton parcours de la mort, joue au dé le nombre de vies dont tu disposes à ton départ...

Pas de chance! Te voilà calciné d'entrée par le soleil levant... une vie de moins!

KRRR

PSSSHHH

Ce puits de lumière n'attendait que toi pour te prendre une vie!

PSSSHHH

Cette petite fenêtre ne s'appelle pas une meurtrière pour rien... Tu perds une vie à cause d'elle!

Tu te fais bêtement cramer une jambe... Tu avanceras dorénavant moins vite en ôtant 1 à chacun de tes coups de dé!

Encore le puits de lumière... Donne-lui une vie pour pouvoir continuer.

Ta tête et tes bras échappent à la combustion, tu peux continuer en jouant seulement un tour sur deux en rampant!

Malheur! Un courant d'air ouvre une porte et une de tes vies s'envole!

Tu croyais cette fenêtre condamnée, une multitude de petits faisceaux lumineux te réduisent en poussière! Une vie de moins!

Bravo! Le jour s'est complètement levé et tu as rejoint ton caveau à temps pour te reposer jusqu'au prochain coucher de soleil!

JOAN 98

Des Jeux pour jouer avec Pic & Zou

Pic

AHAA! ON GARDE SES TICKETS D'BUS USAGÉS!..
BUS
98
BOSS
BURP
RATP
BENTILLY SECTION U
AUJOURD'HUI :
LE TICKET OBÉISSANT!
OU : «LA BAVE ADHÉSIVE».
21
NOTE: UN PETIT BOUT DE CARTON SOUPLE FERA L'AFFAIRE. IL FAUT JUSTE QU'IL SOIT ENVIRON DE CE FORMAT.

TIENS, BEN REGARDE ÇA!
SCHMOUK
SLURP
SMUK
TICKET PLIÉ EN 2 SUR LA HAUTEUR

EN TIRANT VOTRE BRAS COMME SI VOUS TENIEZ UN LANCE-PIERRE, LE TICKET VA SE TORDRE TOUT SEUL!
ON APPLIQUE UN PEU DE SALIVE...

HOP! TENDU COMME UN ARC...
ROO!

ON RAPPROCHE SA MAIN, ET LE TICKET REDEVIENT DROIT.

MAINTENANT, JE VAIS MAGNÉTISER CE PETIT BOUT D'CARTON IDIOT.

NON!
SI.
GRR

TU ME DIS COMMENT TU FAIS ?
HEU..

OOOHLA! ÇA TIRE...

SUPER SIMPLE! PLIEZ LE TICKET PUIS DÉCHIREZ-LE SUR UN TIERS DE SA HAUTEUR. EN LE TRAVAILLANT ENTRE LE POUCE ET L'INDEX, VOUS LUI FEREZ FAIRE DES FLEXIONS AVANT ET ARRIÈRE SANS QU'ON LE REMARQUE! BON: ASSOUPLISSEZ-LE EN LUI FAISANT FAIRE 3 ou 4 MOUVEMENTS AVANT LE TOUR.

Inspecteur ZBU

Borrini & Omond

SOLUTION: QUAND ZBU PARLE DU VOMITIF, IL APPUIE SUR LE BOUTON POUR QUE LES SUSPECTS ENTENDENT, PUIS IL LEUR DONNE LES GUIMAUVES QUI ÉTAIENT SUR SON BUREAU... SEULS LES COUPABLES FONT MINE D'ÊTRE MALADES AVEC CE PLACEBO!

Des Jeux pour jouer avec Pic & Zou

Pic

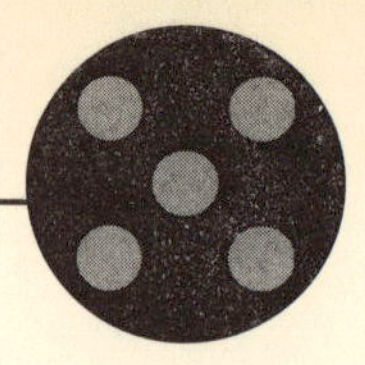

HÉ, PIC! VIENS VOIR ÇA.
GRR

BON-REGARDE BIEN!
OUI, MON CHER ZOU.
OUI.
CRONCH

ALORS, VOILÀ TITI CONTENT
POF POF
POF POF POF POF POF POF POF POF

(VOYEZ CE MOUVEMENT AU RALENTI:)
POF

ET TITI PAS CONTENT.
FROT FROT FROT FROT FROT FROT FROT FROT FROT

VOYONS LE RALENTI
FROT
FROT

O.K.?
GROUMF.. SI TU VEUX
CHOMP.
23.

TIENS, À TOI! ATTRAPE TITI!
HUM!

ALLEZ, VAS-Y! TITI CONTENT.
POF POF
POF POF POF POF POF

BIEN - TITI PAS CONTENT!
HÉHÉ
FROT FROT FROT
FROT FROT FROT FROT FROT

ALLEZ - REDONNE-MOI TITI ...

JE VAIS... OUPS!
!

OH, ZUT! TANT PIS, J'EN REPRENDS UN AUTRE.
PLOP

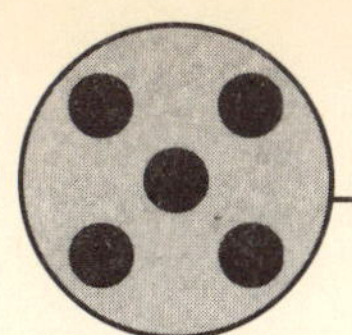

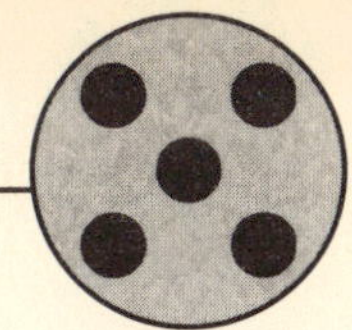

SPIDER-LUCIE

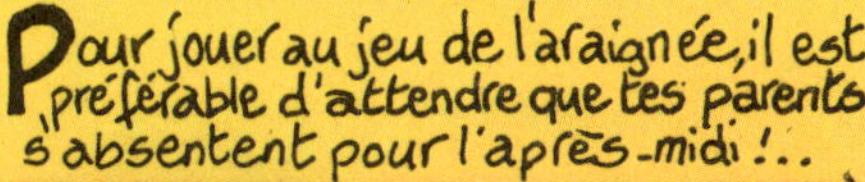

Pour jouer au jeu de l'araignée, il est préférable d'attendre que tes parents s'absentent pour l'après-midi !..
BRRÊM

Une fois seule, trouve dans les affaires de ta maman une grosse pelote de laine...

Ensuite tu choisiras ta zone de jeu. Généralement, le salon est le terrain le plus propice.
En piste !! ...

Commence par bien accrocher l'extrémité de la pelote à un pied de table par exemple...

Puis passe ta laine autour d'un objet, puis autour d'un autre et ainsi de suite jusqu'à obtenir un réseau hyper-compliqué. Une fois la pelote terminée, n'oublie pas de nouer la dernière extrémité pour que ta toile ne se détende pas.

Voilà ! Le jeu consiste maintenant à ressortir de la pièce sans casser la toile ni surtout, aucun objet.

Quand tes parents rentreront à la maison, ce sera à eux de jouer..
M.. MAIS QU'EST-CE QUE..?!

enfin... s'ils ont envie !
BING
LUCIIIIE !
BLANG !

JOAN & Manu.

Joeufx de Pâques

Jeu 1

JOINS LES POINTS DE 1 À 68.

DÉCALE LES LETTRES DE L'ALPHABET D'UN RANG.

D'FTU QBSUJ QPVS MB DSJTF EF GPJF!

M. PLOPLOOP

Jeu 2

By Colonnier. 21

Jeu 3

LEQUEL DE CES CHAMPIGNONS EST VÉNÉNEUX?

LÉPIOTE ÉLEVÉE

PIED-DE-MOUTON

CÈPE

MORILLE

GIROLLE

BOLET

ENTOLOME LIVIDE

Jeu 4

UN DE CES ŒUFS N'A PAS DE JUMEAU: LEQUEL?

SOLUTIONS

JEU 2: "C'EST PARTI POUR LA CRISE DE FOIE!" JEU 3: L'ENTOLOME LIVIDE EST VÉNÉNEUX.

JEU 4: C'EST L'ŒUF ORANGE À MOTIFS ROUGES CONTRE LA RACINE SOUS LES TROIS CHAMPIGNONS.

LE MANUEL DU SAVOIR-SURVIVRE EN SAVANE

DETH & CORCAL

DANS LA SAVANE, UN ANIMAL MYOPE EST UN ANIMAL MORT... AUSSI, AVANT DE S'ENGAGER PLUS AVANT DANS LA BROUSSE, TOUT ANIMAL SE DOIT DE FAIRE VÉRIFIER SA VUE...
ROAAAR !
BZZZ BZZZ BZZZ
OUA OUA OUA OUA
CUI CUI CUI CUI
GROA GROA
GROF GROF
ROAAAR
TRÈS BIEN.
...ET MAINTENANT, AIDEZ-MOI À DONNER À CHAQUE ANIMAL MYOPE SA PAIRE DE LUNETTES IDÉALE...
A
B
C
D
E
F
1
2
3
4
5
6
SOLUTION :
E1
C4
D5
F2
A3
B6

BON SANG ! NE SERAIT-CE PAS LUNETTE QUI EST EN TRAIN DE SE FAIRE DIGÉRER PAR UN PYTHON ?!
C'EST BIEN MOI, FRÉROTS !
CES PYTHONS AVALENT VRAIMENT N'IMPORTE QUOI !
ET TOI, CHER LECTEUR, SERAS-TU CAPABLE DE DEVINER CE QUE CES AUTRES PYTHONS ONT AVALÉ ?
rhino
A
req
B
cam. pom
C
joueur d'échec
D
regarde T.V.
E
Tour. eif
croco
F
G
ver. terre
H
mill. pattes
I
BZOOOOOO..! oiseau. mouche
J
SOLUTION : A) RHINOCÉROS • B) REQUIN
C) CAMION DE POMPIERS • D) JOUEURS D'ÉCHECS
E) POSTE DE TÉLÉVISION AVEC TÉLÉSPECTATEUR
F) CROCODILE • G) REPRODUCTION DE LA TOUR EIFFEL
H) UN AUTRE SERPENT • I) MILLE-PATTES
J) OISEAU-MOUCHE

LA TOURNÉE DU DOCTEUR LUNETTE.
CE MATIN, JE DOIS ALLER SOIGNER UNE CARIE DENTAIRE, UN ULCÈRE, UN TORTICOLIS, UNE RHINOPHARYNGITE, UNE INFLAMMATION DE LA TROMPE D'EUSTACHE, DES ZOREILLONS, UNE CONSTIPATION ET UNE HIPPOPOTHERMIE.
1
2
5
6
9
11
12
13
15
16

AIDEZ-MOI À TROUVER LE PARCOURS LE PLUS RAPIDE POUR JOINDRE CHACUN DE MES PATIENTS EN LIGNE DROITE SANS JAMAIS REVENIR SUR MES PAS ET SANS AVOIR À TRAVERSER LES MARÉCAGES INFESTÉS DE DANGEREUX MICROBES...
3
4
7
8
10
14
15
20
17
19
18
21
SOLUTION : 5 (TORTICOLIS) -12 (CARIE DENTAIRE) - 6 (RHINOPHARYNGITE) - 16 (CONSTIPATION)
17 (TROMPE D'EUSTACHE) - 14 (ULCÈRE) - 8 (ZOREILLONS) - 20 (HIPPOPOTHERMIE).

LA NUIT DE LA SAVANE EST PLEINE DE DANGERS POUR DES PETITS ANIMAUX FRAGILES COMME NOUS...
AUSSI DEVONS-NOUS FAIRE PREUVE DE RUSE POUR ÉLOIGNER LES PRÉDATEURS...
CRAK!
C'EST POURQUOI NOUS AVONS DÉVELOPPÉ UNE VÉRITABLE SCIENCE DES OMBRES SOUS LA PLEINE LUNE!
MINCE! UN TROUPEAU DE BUFFLES!
VOICI, À PRÉSENT, QUELQUES FIGURES QUE NOUS AVONS COUTUME DE RÉALISER DEVANT LA LUNE...
...ESSAYEZ DE DEVINER CE QUE L'OMBRE VA REPRÉSENTER...
1
2
3
4
5
1- MOUSTIQUE ; 2- GORILLE ; 3- CHASSEUR ; 4- TYRANNOSAURE ; 5- CHENILLE GÉANTE.

QUAND ON CHASSE, ON PEUT SUIVRE LA PISTE DES ANIMAUX GRÂCE AUX TRACES QU'ILS LAISSENT DERRIÈRE EUX...
SNIF! SNUF!
OH! REGARDEZ!
ÇA, MES FRÈRES, C'EST DU CROTTIN DE ZÈBRE...
TOI AUSSI, CHER LECTEUR, ESSAIE DE DEVINER À QUELS ANIMAUX CORRESPONDENT CES DIFFÉRENTS CROTTINS...
A
B
C
D
E
F
G
H
I
J
K
girafe
SOLUTION : A) RHINOCÉROS
B) ÉLÉPHANT • C) OISEAU-MOUCHE
D) BUFFLE • E) MOUCHE TSÉ-TSÉ
F) CAMÉLÉON • G) GIRAFE
H) PANTHÈRE • I) PANTHÈRE NOIRE
J) GAZELLE • J) SERPENT

MON INSTINCT MAGNIFIQUE M'A POUSSÉ À CACHER MA PROIE AU PIED D'UN DE CES BAOBABS... MALHEUREUSEMENT, JE ME SUIS UN PEU MÉLANGÉ LES BAOBABS...
?
?
AIDEZ-MOI À RETROUVER MA PROIE EN ÉVITANT LES SERPENTS QUI SE CACHENT DANS LES RACINES...
...SI VOUS TOMBEZ DEUX FOIS SUR UN SERPENT AVANT D'AVOIR TROUVÉ, VOUS ÊTES MORT !
C'EST DUR, MAIS C'EST LA LOI DE LA SAVANE... NA !
A
B
C
D
E
F
G
H
I

SOLUTION : LE SIXIÈME BAOBAB EN PARTANT DU HAUT.

Les Zorilles

Deth & Corcal

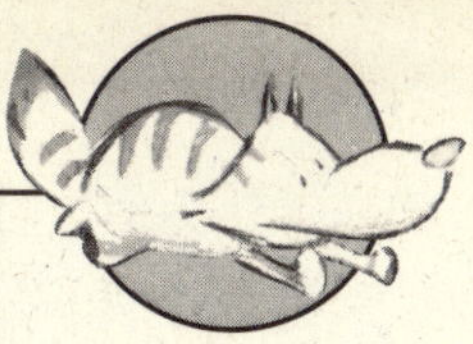

HOLAAAA! LE CIEL SE COUVRE ET PAS LE MOINDRE ABRI À L'HORIZON...
ET LE SOL EST TROP SEC POUR CREUSER UN TERRIER...
PAF! PAF!

BROOOOOOOOOOOOO
PAR ICI, LES GARS! VENEZ VOIR!
?
?

J'AI TROUVÉ UNE CARCASSE D'ÉLÉPHANT... ON VA POUVOIR S'ABRITER!
?

...SUFFIT DE REMONTER LES OS... C'EST COMME UN MÉCANO...
?

POUR LE TOIT, CETTE VIEILLE PEAU FERA L'AFFAIRE...
BNEURK!

EH BIEN... IL ÉTAIT TEMPS!
T'AS TOUJOURS DE TRÈS BONNES IDÉES.

QU'EST-CE QUE TU LIS, FRÉROT?
UN BOUQUIN D'HORREUR... C'EST L'AMBIANCE IDÉALE, NON?

TCHAKA!

BROOOOOOOOO...
ÇA S'APPELLE "FRANKENSTEIN".
GRRRR...

Les Zorilles

Deth & Corcal

BON SANG... LA MARE EST À SEC.
TOUTE LA FAUNE VA CREVER.
C'EST UNE CATASTROPHE ÉCOLOGIQUE.

?
Y A PEUT-ÊTRE UNE SOLUTION, LES GARS... VOYEZ CES GROS INSECTES...
...RAMASSONS-EN UN MAXIMUM !

FRASH !
FRASH !
FRASH !
FRASH !
CES PETITES BESTIOLES PRODUISENT UNE BOISSON DÉLICIEUSE.

ET SI ON ESSAYAIT AUSSI AVEC DES COCCINELLES ?
ET DES PAPILLONS ?
IL FAUT TOUT EXPÉRIMENTER, FRÉROTS !

QUEL STOCK ! ON A DE QUOI DÉSALTÉRER TOUTE LA SAVANE...
IL NE NOUS RESTE PLUS QU'À OUVRIR UN BAR...

UN JUS DE SAUTERELLE !
UN COCCI.
UN LOMBRIC TONIC !
UNE MENTHE RELIGIEUSE !
BAR
ÇA MARCHE ! ÇA MARCHE !

HEP ! LES GARS... Y A UN DRÔLE D'ANIMAL QUI RÉCLAME UN TRUC SPÉCIAL ...
QU'EST-CE QU'IL VEUT ?

DU JUS DE ZORILLE.
GRR...
BAR

Les Zorilles

Deth & Corcal

HAAA ! J'AI UNE DE CES FAIMS !
JE ME SENS PRÊT À MANGER N'IMPORTE QUOI À CONDITION QUE CE SOIT COPIEUX...

WHAO ! DES ÉCHASSIERS ! VOILÀ QUI EST À LA HAUTEUR DE MON APPÉTIT !

GROÂÂÂ !
KI !
KI !

SCHLUUUUUUURP !
HUMM... DÉLICIEUX... MÊME AVEC LES PATTES...

HOLAA... JE CROIS QUE J'AI UN PEU TROP FORCÉ SUR L'ÉCHASSIER...
BURP !
JE ...

AÏE ! HORREUR !
DES PERFORATIONS D'ESTOMAC !
FRASH !
FRASH !

OÙ EN EST L'INDIGESTION DU FRÉROT ?
PAS TERRIBLE...

IL A TOUJOURS DES VERTIGES.
OUPS !

Les Zorilles

Deth & Corcal

FAITES COMME MOI, MES FRÈRES, ENDUISEZ-VOUS LA QUEUE AVEC DE LA RÉSINE ... QU'ELLE SOIT BIEN RIGIDE ET POINTUE !
?
?

... UN PEU DE RÉSINE ÉGALEMENT SUR LE DOS ET VOUS VOUS COLLEZ UN OISEAU ...
CHLIP ! CHLIP !
SPLASH !
CUI.

À PRÉSENT, RIEN NE NOUS DISTINGUE DE TROIS GROSSES ABEILLES...
C'EST BEAU, LE MIMÉTISME...

GRÂCE À MON STRATAGÈME, NOUS ALLONS POUVOIR VOLER DU MIEL INCOGNITO DANS LES RUCHES...
BZZ
BZZ
GÉNIAL !

ET VOILÀ. MISSION ACCOMPLIE ! NOUS AURONS DU MIEL POUR TOUT L'HIVER...

CONTINUEZ SANS MOI, MES FRÈRES, J'AI DÉCIDÉ DE RENONCER À MA CONDITION DE ZORILLE...
JE VEUX RESTER LA PETITE ABEILLE QUE JE SUIS DEVENUE.
?
ÇA VA PAS, FRÉROT ?

PASSER MA VIE À BUTINER LES PETITES FLEURS... HUMM...
SNIF !
?

HARMF !
HAAA !

BOUF ! KROK ! KROK ! BOUF !
C'EST LA DURE LOI DE LA SAVANE...
PAUVRE PETITE ABEILLE...
... BUTINER OU ÊTRE BUTINÉ.

Les Zorilles

Deth & Corcal

Y EN A ASSEZ DE TOUS CES OBJETS INUTILES !
NOTRE TERRIER RESSEMBLE À UN SUPERMARCHÉ !
FRÉROT FAIT SA CRISE.

ASSEZ DE LUXE !
IL NOUS FAUT RETROUVER NOS RACINES ANIMALES !
PLUS DE RÉFRIGÉRATEUR !
HÉ ! HO !
ÇA VA PAS ?

BON SANG ! OÙ T'AS MIS NOTRE RÉSERVE DE STEAK ?!
ET LA TARTE AUX BUFFLES ?!
TOUT ÇA, C'EST TERMINÉ !

LE STEAK, JE L'AI ENTERRÉ AU PIED DU BAOBAB, COMME NOS ANCÊTRES L'ONT TOUJOURS FAIT...
LA TARTE EST SOUS LE TROISIÈME ROCHER EN PARTANT DE LA GAUCHE...
PLAN ALIMENTAIRE

AUJOURD'HUI, JE VOUS PROPOSE DU STEAK À L'ANCIENNE, BIEN FAISANDÉ !
BZZZ !
BWEURK !

MAIS ENFIN, FRÉROT, COMMENT PEUX-TU AVALER ÇA ?!
C'EST COMPLÈTEMENT POURRI.
CHNIAK !
GLOUPS !
MIAM !
CHETTE TARTE FAIJANDÉE EST ADMIRABLE !

HAAAA ! QUEL GOÛT SAUVAGE !...
JE SENS REMONTER EN MOI TOUTE LA SÈVE DE MES ANCÊTRES !...
JE...

BURBL !

HEUREUSEMENT QU'IL A GARDÉ LE TÉLÉPHONE POUR QU'ON PUISSE APPELER UN TOUBIB.

Les Zorilles

Deth & Corcal

CETTE POTION VOUS RENDRA FORTS COMME UN TROUPEAU DE BUFFLES...
MAÎTRE WONBALA GRAND MARABOUT
C'EST EXACTEMENT CE QU'IL NOUS FAUT !

LE PRIX DE LA BOUTEILLE EST DE TROIS CENTS SCOLOPENDRES...
VOILÀ L'ARGENT. VOUS POUVEZ COMPTER.

GRÂCE À CETTE POTION, MES FRÈRES, NOUS ALLONS ATTAQUER CE GROS MALABAR...
DES TONNES DE VIANDE POUR LE CONGÉLATEUR...

POUR NE PRENDRE AUCUN RISQUE, NOUS TESTERONS L'EFFICACITÉ DE CE PRODUIT SUR UN COBAYE.
AMÈNE L'OISEAU-MOUCHE.
VOILÀ.
Pi!
Pi!
Pi!

GLÔ! GLÔ! GLÔ! GLÔ!

ALLEZ, MON P'TIT ! MONTRE-NOUS CE QUE T'AS DANS LE VENTRE !
ATTAQUE !
KSSS! KSSS!

PAF!
BAF!

WHAAAA ! HYPER EFFICACE, LA POTION DU MARABOUT !
IL M'A MORDU...
'TTENTION ! NE LE LAISSEZ PAS FILER !

ViiiiiiTE ! GROUILLEZ-VOUS !
IL SERAIT BIEN CAPABLE DE...
TAGADA TAGADA TAGADA

TROP TARD, LES GARS...
ON S'EST FAIT DOUBLER.

Les Zorilles

Deth & Corcal

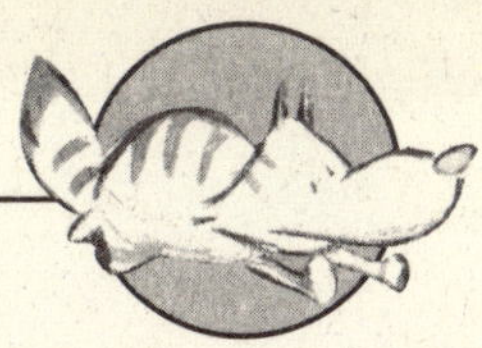

À NOUS TROIS, ON VA BIEN ARRIVER À LE COINCER !
TU PARLES...
ÇA SENT LE MASSACRE.

ATTENTION... UN... DEUX...

TROIS!
YEAAA!
À L'ATTAQUE!

ON LE TIENT !
KI!

MISSION ACCOMPLIE !

PAS TERRIBLE, L'OISEAU...
MWOUAIS...
IL EST PLEIN DE POILS DE RHINOCÉROS !

BROOOO

MESSIEURS, VOUS ALLEZ ME RESTITUER IMMÉDIATEMENT MON OISEAU-GRATTEUR !
NOUS... NOUS ALLONS ARRANGER ÇA...

QU'EST-CE QU'ON MANGE, CE SOIR ?
ENCORE DE LA CROÛTE...
SCRITCH! SCRITH!
...ET QUELQUES POILS...

Les Zorilles

Deth & Corcal

J'AI UN PLAN NOURRITURE D'ENFER, MES FRÈRES !
SUIVEZ-MOI, C'EST DU TOUT CUIT !
?

C'EST LE VIEIL ELZÉVIR QUI EST DE PLUS EN PLUS MALADE.
TU M'ÉTONNES... CET ÉLÉPHANT A PLUS DE DEUX CENT CINQUANTE ANS...

REGARDEZ : IL NE PEUT PLUS BOUGER À CAUSE DE SES RHUMATISMES... RAIDE COMME UN PIQUET !
JE CROIS QU'ON PEUT ATTAQUER SANS RISQUE.

RENDS-TOI, ELZÉVIR ! TU ES ENCERCLÉ !

ALLEZ-VOUS-EN, MICROBES, OU JE VOUS ÉCRASE !
?
?
?

T'ES VRAIMENT SÛR QU'IL NE PEUT PAS NOUS CHARGER, HEIN ?
MAIS OUAiiiiiiiiS... IL BLUFFE À MORT !

TAGADAPTAGADAP!
TAGADAPTAGADAP!
TAGADAPTAGADAP!
?

14.

ET ÇA, C'EST DU BLUFF, PEUT-ÊTRE ?!
AH, BRAVO !
J'POUVAIS PAS SAVOIR, MOI, QU'IL AVAIT DES MYGALES ORTHOPÉDIQUES !
TAGADAPT
TAGADAPTAGADAPTA

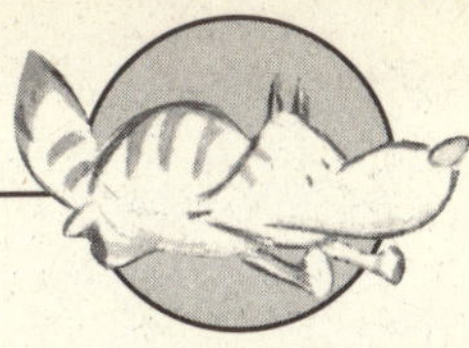

Les Zorilles

Deth & Corcal

DEBOUT, MES FRÈRES!
AUJOURD'HUI: EXERCICE DE MIMÉTISME!
OH NOOON...
PITIÉ!

ALLEZ, HOP! DU NERF!
POSITION DU TIGRE!
PFFF...
GROAR!

POSITION DU SERPENT À LUNETTES.

POSITION DE LA GIRAFE.

POSITION DU LION!

GARDONS LA POSITION, MES FRÈRES, ET ATTAQUONS CE GORILLE ISOLÉ...

C'EST LE MOMENT DE VÉRITÉ...
ON FERA JAMAIS ILLUSION.
ON EST MORTS.

GRRRR
RHÂ!
C'EST RATÉ!
ON L'IMPRESSIONNE PAS DU TOUT!

15.

HURK! HURK! HURK! POSITION DU GORILLE PARFAITEMENT MAÎTRISÉE...

ROMPEZ LES RANGS, LES FILLES!

Les Zorilles

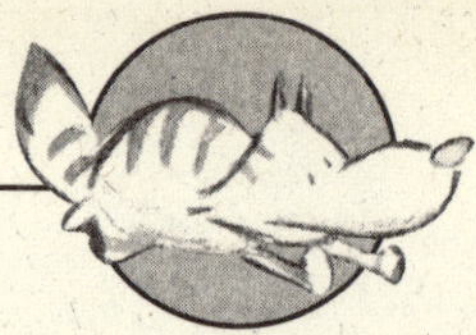

Deth & Corcal

LUNETTE A COMMENCÉ UN GRAND ROMAN QU'IL ÉCRIT SUR UN ÉLÉPHANT...
C'EST UN SUPPORT TRÈS AGRÉABLE.

DU COUP, LES AUTRES BÊTES S'Y METTENT AUSSI...
LA SAVANE EST DE MOINS EN MOINS REPOSANTE...

QU'EST-CE QUE VOUS ÉCRIVEZ, VOUS ?
DES RECETTES DE CUISINE.
...ET MOI, UNE HISTOIRE D'AMOUR.
MOI, J'AI L'ANGOISSE DE L'ÉLÉPHANT BLANC.

TCHAK! TCHAK!
?
?

EH BEN, LUNETTE... T'ÉCRIS PLUS ?
TCHAK! TCHAK!
SI, SI !
AU CONTRAIRE...

? ?
PAF!
ROLROLROLROLROL
...JE FAIS DANS LA PRESSE.
KI!

16.

FRÉROT EST VRAIMENT TRÈS FORT.
MAINTENANT QU'IL EST PLAT, AIDEZ-MOI À PLIER L'ÉLÉPHANT EN SOIXANTE-QUATRE ...

AURIEZ-VOUS LE DERNIER ZORILLE ?
JE VIENS JUSTE DE LE RECEVOIR...
LIBRAIRIE de la SAVANE
...IL EST ENCORE TOUT CHAUD.

Les Crannibales

Fournier & Zidrou

Le problème est : comment distinguer un rôti en puissance de son prédateur ?

Qui sait ? sans le savoir, peut-être côtoyons-nous des anthropophages depuis des années ?

Tiens ! Prends ta vieille tante Annette, celle qui t'a déshéritée. Elle ne t'a jamais semblé bizarre ?

Et le boucher du coin ! Avec une tête pareille, je suis sûr que ses pâtés n'ont pas la conscience tranquille !

C'est ça ! Les Ducroc sont des cannibales. Le commissaire de police est un cannibale. Tante Annette est une cannibale. Le président de la République est un cannibale. Nous sommes cernés par les cannibales !

Et maintenant, laisse-moi dormir ou il y aura de la confiture de Folichon demain au petit déjeuner !

Mon dentier ! Rends-moi mon dentier !
Dans le doute, je préfère ne pas prendre de risque !
FOURNIER - ZIDROU

Les Crannibales

Fournier & Zidrou

1432

1432

ZIDROU 97

CHTUMP
CHTUMP
KRATCH
KLOT

1435

Encore 5 et je bats mon record!
KRUNCH
MIÔM
SWRP
1435
L'éducation de nos enfants est en de bonnes mains.
ROBINSON LE GLOUTON
POUR APPRENDRE À COMPTER EN S'AMUSANT
SUR CONSOLE SEGRAS.
Fournier 97 - Zidrou.

Les Crannibales

Fournier & Zidrou

Quel est le but du jeu, cette fois-ci?
ROBINSON CONTRE LES NIAM-NIAMS
POUR APPRENDRE LES JOURS DE LA SEMAINE EN S'AMUSANT
SUR CONSOLE -SEGRAS-

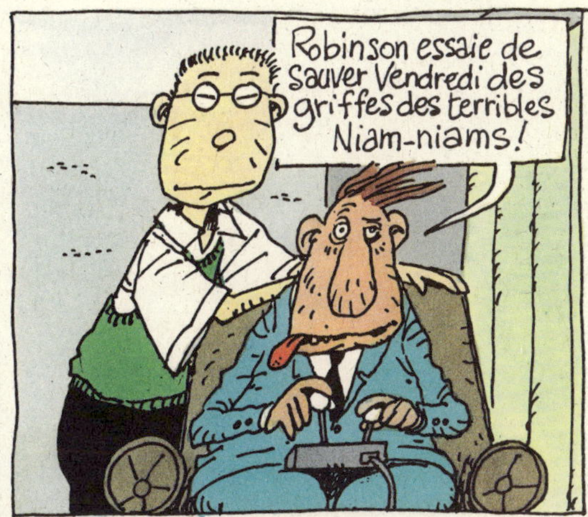

Robinson essaie de sauver Vendredi des griffes des terribles Niam-niams!

Bien! Notre Robinson semble revenu à de meilleurs sentiments!

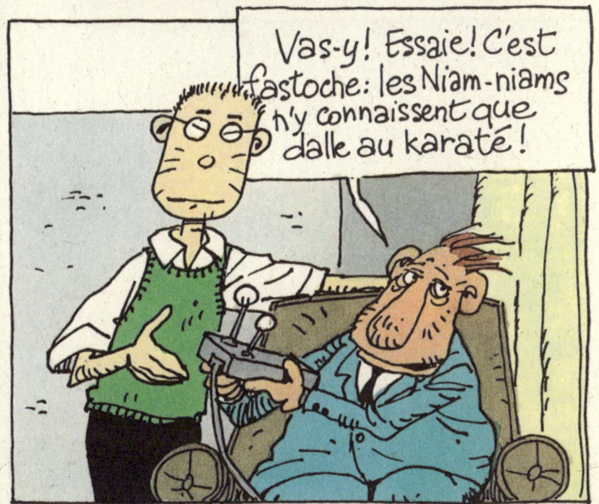

Vas-y! Essaie! C'est fastoche: les Niam-niams n'y connaissent que dalle au karaté!

Hé! Hé! C'est rigolo!
Prends ça, sauvage!
Et ça! Et ça!
Allez, Hanka!
CHTUMP KLET KRATCH

Bien joué! Les Niam-niams sont hors d'état de nuire!
Et puis surtout, ce brave Vendredi est sauvé!

Mais!? Que fait Robinson?!
Ben! Il bouffe Vendredi, tiens!

Attends! C'est pas fini! Tu dois encore bouffer Samedi et Dimanche pour gagner la partie.
Non merci! Sans façon!

FOURNIER-ZIDROU

Les Crannibales

Fournier & Zidrou

RAKAHO
dératisation
RAKAHO
dératisation

N'y allez pas!
?

Ces gens sont des monstres !

Ils mangent de la chair humaine! Entrez et vous serez leur plat principal.

Avant-hier, le laveur de vitres. Hier, le vendeur d'encyclopédies. Et aujourd'hui, **VOUS!**

Ecoute, dingo! J'ai du boulot! Alors tu vas gentiment rentrer dans ton asile, enfiler ta camisole pour ne pas prendre froid et me lâcher le croupion, d'accord!?
Mais!... Mais!...

Ce ne sont pas les rats qui posent problème, mais les zinzins de ton espèce!
Dégage!

N'y allez pas!
?

!?
Ces gens sont des monstres!
Comme il dit!
Ouaip!
ENCYCLOPEDIE UNIVERSELLE
LAVE Roger VITRES

FOURNIER - ZIDROU

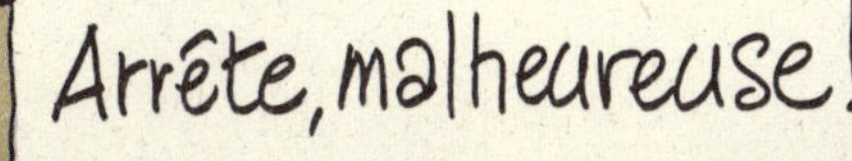
Arrête, malheureuse!

Tu n'es pas un peu folle d'avaler ces saucisses? Tu ne sais même pas ce qu'on a mis dedans!

Qui te dit qu'ils n'y ont pas mis ... de la chair humaine?

Tu commences sérieusement à me courir sur le système digestif avec tes "crannibaleries"!
?

De la sciure de bois, des matières grasses, du sel nitrité et pas mal de produits chimiques...
SAUCIMINI
SAUCIMINI
SAUCIMINI
SAUCIMINI
SAUCIMINI

...Mais je puis vous garantir qu'il n'y a pas la moindre trace de viande dans nos saucisses!
Ah! Tu vois? Obsédé!
Evidemment: il ne va pas dénigrer sa propre marchandise de !

Ah, mais! Je ne vous permets pas, monsieur!
Vous, l'ingénieur en saucissologie, fermez-la et rendez-moi cette boîte, que j'en fasse analyser le contenu douteux par un laboratoire indépendant!

?
Aaaaaaah

Skruntch
Britch!
Krabouille!

Tout compte fait, tu as peut-être raison: on ne sait pas très bien ce qu'on met dans ces saucisses!

FOURNIER ZIDROU

Les Crannibales

Fournier & Zidrou

Betty! Mon éclair au chocolat! Ma tartelette aux fraises! Mon sorbet aux fruits de la Passion!

Loin de toi, je dépéris! En une semaine, j'ai perdu 3 kilos!
Hé là! Pas de bêtises! Attends au moins que je t'aie présenté à mes parents!

Euh!... Je ne voudrais surtout pas m'imposer...
Au contraire! Au contraire!

Mets-toi à l'aise.
Que ...? Quoi ...? Ici, dans la cuisine!? Mais...!

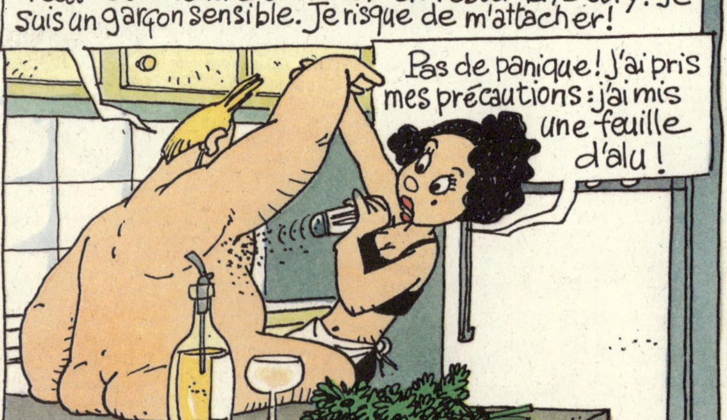

Peut-être vaudrait-il mieux en rester là, Betty! Je suis un garçon sensible. Je risque de m'attacher!
Pas de panique! J'ai pris mes précautions: j'ai mis une feuille d'alu!

Betty, mon amour! Que se passe-t-il? Je sens soudain comme un froid s'installer entre nous!
Baisse la tête!

Betty, ma douce! Dois-je considérer ceci comme une rupture?

Burps!
Snif! Qu'il est cruel de constater que vous n'étiez aimé que pour votre physique!
Fournier Zidrou

BEN, POUR UNE BELLE BOUÉE, C'EST UNE BELLE BOUÉE !
MON PÈRE ME L'A RAPPORTÉE D'AMÉRIQUE, C'EST LE MODÈLE "DÉSAGRÉGATOR" ! CHOUETTOS, HEIN ?
HÉ, KID ! TU ME LA PRÊTERAS ?

WOAA ! DANS L'EAU, C'EST ENCORE PLUS SAISISSANT ...
KID, TU ME LA PRÊTES ? TU ME LA PRÊTES ?
ON VERRA... SI TU ES SAGE...

J'SUIS SAGE, LÀ ! J'SUIS SAGE, LÀ !
BHAA... PRÊTE-LUI, SINON ON N'AURA JAMAIS LA PAIX !
ALORS ? TU ME LA PRÊTES ?
MOUAIS. T'AS RAISON ...

BON, ALLEZ ! JE TE LA LAISSE 5 MINUTES...
MAIS NE L'ABÎME PAS !
OUAAAIIIS ! GÉNIAL !

QU'EST-CE QUE C'EST BIEN FAIT ! INCROYABLE !
?
DE TOUT PRÈS, ELLE EST ENCORE PLUS MONSTRUEUSE !

HÉ, KID ! JE VAIS LA REGONFLER UN COUP... ELLE M'A L'AIR UN PEU MOLLE...
AH, VOILÀ LA PIPETTE ...

DORÉNAVANT, VA NAGER AVEC TES LUNETTES ! ÇA T'ÉVITERA D'ENNUYER STUPIDEMENT LES GENS...
ÇA VA, LES GARS, MA BOUÉE N'A RIEN !

Kid Paddle

Midam

Kid Paddle

Midam

MÉTRO

UN TICKET S'IL VOUS PLAÎT...

UN TICKET DE MÉTRO, S'IL VOUS PLAÎT.
PLEIN OU DEMI-TARIF ?
EUH... PLEIN.

UN TICKET, S.V.P.
'MANQUE UN FRANC !
OUPS ! EXCUSEZ-MOI ...

C'EST COMBIEN, UN TICKET DE MÉTRO ?
C'EST ÉCRIT LÀ ! 'SAVEZ PAS LIRE ?

PFFF... ON SE DEMANDE DANS QUEL MONDE ON VIT.
HÉ, OUI ! LA JEUNESSE A BEAUCOUP CHANGÉ ...

QUELLE AUBAINE, HEIN ? UN LUNAPARK QUI LIQUIDE SON STOCK DE PRÉSENTOIRS EN CARTON, C'EST RARE !
MOUAIS, DOMMAGE QUE CE SOIT À L'AUTRE BOUT DE LA VILLE ...
LEQUEL T'AS CHOISI ? AH OUI ! IL EST BIEN AUSSI !
ROBOTOR
ÉREDODOX
GLOBOX

SALUT, KID ! AH? TU JOUES À UN JEU VIDÉO ?
NON, JE TRICOTE UN PULL POUR MA GRAND-MÈRE ...
VRRR
ACROBATIC FLY

MMH... "ACROBATIC FLY" ! PAS FACILE, HEIN ?
PFFF... SCORE MINABLE ! PAS MOYEN DE FAIRE MIEUX QU'UN SIMPLE LOOPING !

BEN, MOI JE CONNAIS UN TRUC POUR FAIRE UN TRIPLE LOOPING !
TRIPLE LOOPING ? ABSOLUMENT INFAISABLE !

HA! HA! TU VAS VOIR : ON Y ARRIVE SANS TROP SE CASSER LA TÊTE !
ACROBATIC FLY

D'ABORD IL FAUT PRENDRE DE LA HAUTEUR...
ET ENSUITE FAIRE UN "PIQUÉ" ...
BUCK DANNY DANS SES OEUVRES ...
VRRRR
ACROBATIC

MAINTENANT JE REDRESSE À FOND ! GNNNN
ET HOP ! C'EST PARTI POUR LE TRIPLE !
VRRRRR
ACROBATIC FLY

CRACK
BUNK

QUEL SCORE ?
BEN, EUH... TRIPLE FRACTURE ...
PUZZLE

SORTIE
KRRRR

SORTIE
TCHAK

SORTIE
BROM
FLAP
FLAP
FLAP

SORTIE

SORTIE

PLOK

?
FLAP
FLAP
FLAP

SPROTCH

PAF
GAME
OVER

SECRÉTARIAT
WAOW ! LA DERNIÈRE EST SUPER-DESTROY ! AVEC CETTE HORRIBLE MAIN AU-DESSUS DE TA TÊTE ! COMMENT T'AS FAIT ?
COPY 2000

Kid Paddle

Midam

UNE COLONNE DE BLINDÉS ENNEMIS EST SIGNALÉE À DEUX KILOMÈTRES.
DES BLINDÉS ? MMH... FAUDRA TIRER DES OBUS PERFORANTS !

LE VENT EST LÉGÈREMENT CONTRAIRE...
DZZZZZZ
O.K., JE MONTE LA HAUSSE À 150 ...
PARÉ POUR LE TIR !

JE PEUX VOUS AIDER ?

VOUS AUREZ ASSEZ D'OBUS POUR TOUTE L'APRÈS-MIDI, OUI ?!
DANGER
NE PAS TOUCHER

NOM DE NOM ! ON NE VOUS APPREND PAS À LIRE À L'ÉCOLE ?
VOTRE GESTE PEUT ÊTRE LOURD DE CONSÉQUENCES !
DANGER
NE PAS TOUCHER

JOUER AVEC UN CANON ?! VOUS VOULEZ QU'IL ARRIVE UN MALHEUR ?
PFF... TOUT LE MONDE SAIT QUE CES VIEUX MACHINS NE MARCHENT PLUS !

CE CANON NE FERAIT PAS DE MAL À UNE MOUCHE !
DANGER
NE PAS TOUCHER

HOMEDECOR
ALORS, KID? TU AS CHOISI QUELQUE CHOSE?
BEN, NON... IL N'Y A RIEN QUI M'EMBALLE!

J'AI DEMANDÉ AU VENDEUR D'AUTRES CATALOGUES...
PRENDS TON TEMPS! CE N'EST PAS TOUS LES JOURS QU'ON RETAPISSE TA CHAMBRE!
J'AI TROUVÉ QUELQUE CHOSE DANS VOS GOÛTS!

CES CATALOGUES SONT RÉSERVÉS À NOS CLIENTS LES PLUS EXIGEANTS!

JE PEUX VOUS PROPOSER CECI...
UN SUJET TRÈS DEMANDÉ!
AH, OUI! TRÈS BIEN!

MÊME GENRE MAIS PLUS MODERNE...
WOAW! ENCORE MIEUX!

LA PETITE TÊTE DE MORT CLASSIQUE...
MOUAIS... AVEC LE PLAFOND PEINT EN NOIR, ÇA PEUT ÊTRE CHOUETTE...

LE STYLE "MOUCHES ÉCRASÉES", VOUS REMARQUEREZ LA FINESSE DU TRAVAIL!
PAPIER ANTI-TACHES, BIEN SÛR...
LES COULEURS SONT MAGNIFIQUES!
104A

Kid Paddle

Midam

CELUI-CI EST IMPORTÉ DIRECTEMENT DU JAPON !
MMH... NON. IL SERA TROP VITE DÉMODÉ.

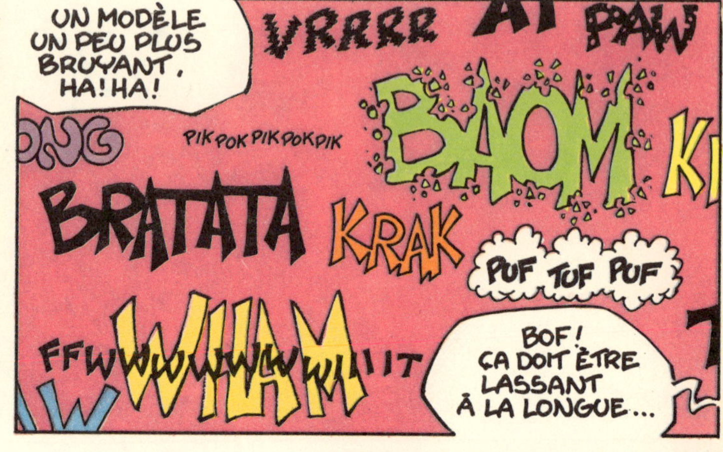
UN MODÈLE UN PEU PLUS BRUYANT, HA! HA!
VRRRR
PAW
PIKPOKPIKPOKPIK
BAOM
BRATATA
KRAK
PUF TUF PUF
FFWWWWWWWIIIT
WHAM
BOF ! ÇA DOIT ÊTRE LASSANT À LA LONGUE...

J'AI ÉGALEMENT LES ÉCLATS D'OBUS...
UN JOLI TROMPE-L'OEIL !
SOBRE MAIS AMUSANT...

ICI, LES REHAUTS VERMEILS SONT DU PLUS BEL EFFET !
HÉ, P'PA ! CE SERAIT SYMPA POUR TON BUREAU !
BEN, OUI ! POURQUOI PAS?

UN TRÈS BEAU PAPIER PEINT... TRÈS RICHE...
GÉNIAL ! C'EST EXACTEMENT CE QUE JE CHERCHAIS !

C'EST UN EXCELLENT CHOIX ! FÉLICITATIONS !
NOUS PRENDRONS UNE DOUZAINE DE ROULEAUX.
BON, JE CROIS QU'IL EST L'HEURE DE SE RÉVEILLER !

DEBOUT, KID ! IL EST L'HEURE !
ZZZZ METTEZ-EN CARRÉMENT UNE CINQUANTAINE...

ALORS? COMMENT S'EST PASSÉE TA PREMIÈRE NUIT DANS TA CHAMBRE FRAÎCHEMENT RETAPISSÉE ?
J'AI EU UN MAL FOU POUR CHOISIR LE MOTIF !

Le Petit Spirou

Tome & Janry

Chair papa et maman,

J'espère que tou va bien pour vou là-bas chez tante Fistule. Ici, grand-papy va bien aussi, il dort tout le temps. Quant à moi, il vaudrait mieu vou assoir pour lire ce que je vais vous apprendre.

Moi aussi je vais bien maintenan. Le renart qui m'a mordu n'avai pas la rage. Le dokteur vérifie koncernant le tifus.

Ici, au commissariat, les gendarmes on bien voulu que je vou prévienne moi-même de ce gigantesk incendie aukel j'ai échappé. C'est la première fois que je voi brulé un zoo.

et lui aussi, m'a dit le commissaire en me confisquant mes allumettes quant le fourgon ki m'emmenait a aussi brulé.

Je crois qu'il les a gardé avec lui à l'hopital. Je n'ai pas eu l'occasion de les lui demandé...

...à cause de la cohue des animause en déroute et des vingt sept autres grant brulés.

De toute façon, à présent, tout va mieu. Les pompiers son arrivé à limité à troi paté de maison la progressiont des flames ki menassait notre propriété.

Voilà, vous savé tout.
Sauf une chose...

TOME & JANRY.

...Il n'y a pas eu de renart, ni de zoo, ni de commissaire, ni d'incendie.

En fait, come vous le découvrirez, en rentrant demain. J'ai seulemant eu un petit "insuffisan" en ortograf et un minuscule "médiocre" en calcul...

...et je voulai vou aider à relativisé les choses.
Votre petit Spirou

ET MAINTENANT, UN PEU D'ARITHMÉTIQUE ...

DEUX JOLIS PETITS CITRONS PLUS UN BON PAMPLEMOUSSE BIEN FERME, CELA FAIT COMBIEN DE BEAUX FRUITS APPÉTISSANTS EN TOUT ?

PTOÏNG
?

HEU ... 'MOISELLE ! MON STYLO-BILLE, LE RESSORT EST TOMBÉ PAR TERRE, JE PEUX ...

INUTILE, SUZETTE, JE VAIS TE LE RAMASSER.

HOP !
TOME & JANRY

VOICI.

DONC...

PTOÏNG
TENG
TOÏNG
PTENG
PTOÏNG

Le Petit Spirou

Tome & Janry

Hi Hi Hi HU HU!
SNIRF!
ALORS? Hi Hi, TU L'AS FAIT?

OUiiiiii TCHA!!
EN PLEIN ÉTÉ, ATTRAPER UN RHUME PAR UNE CHALEUR PAREILLE, C'EST ORIGINAL!

SNURF! C'EST À CAUSE DE CE BAIN DE MINUIT, Hi Hi! L'EAU ÉTAIT GLACIALE, ALORS, SANS VÊTEMENTS, HEIN...
EN RANG, LES ENFANTS! LA RÉCRÉATION EST FINIE!
PRON
RACONTE!

J'AI SUIVI TES CONSEILS. APRÈS LE DESSERT, J'AI PARLÉ DE LA RIVIÈRE, DE LA CHALEUR, DE L'OBSCURITÉ COMPLICE...

LA LUNE NOUS OBSERVAIT. BIEN SÛR, NOUS N'AVIONS PAS NOS MAILLOTS DE BAIN.

IL A TROUVÉ L'EAU TROP FROIDE. J'AI DIT "TANT PIS POUR TOI!" J'AI PLONGÉ SEULE. JE SENTAIS SON REGARD DANS MA NUQUE.

L'EAU ÉTAIT DÉLICIEUSEMENT GLACÉE... SOUDAIN, JE FUS SAISIE D'UNE INQUIÉTUDE...

DANS L'OBSCURITÉ, DES DIZAINES D'YEUX TOUT PROCHES M'OBSERVAIENT... MAIS J'AI COMPRIS AUX COASSEMENTS QUE CE N'ÉTAIENT QUE DES GRENOUILLES.
CRÔA
CRÔA
136

TOME & JANRY

CE SOIR, JE REMETS ÇA! MAIS PAS UN MOT À QUICONQUE ET SURTOUT PAS À TON PETIT FRÈRE, HEIN? TOUTE SA CLASSE L'APPRENDRAIT!

HEM... TU ME CONNAIS, VOYONS!
ATCHA
TCHA!
PRON!
SNURF
CRÔA CRÔA

Le Petit Spirou

Tome & Janry

TOME & JANRY

Le Petit Spirou

Tome & Janry

QUOI?! SE BAIGNER TOUTE NUE DANS LA RIVIÈRE !?!
VIENS ! ON VA S'AMUSER ! AVEC CE SOLEIL, L'EAU DOIT ÊTRE SUPER BONNE !

MAIS... LES GARÇONS ! S'ILS NOUS SURPRENAIENT, ÇA M'ENNUIERAIT QU'ILS VOIENT MES TACHES DE ROUSSEUR SUR LE... SUR MES... DANS LE BAS DU...
AUCUN DANGER ! ILS SONT PARTIS DANS LA DIRECTION OPPOSÉE.
PLOUF

HI HI ! DANS L'EAU, ON NE PEUT PAS NOUS VOIR !
RAF

... MAIS PEUT-ÊTRE QU'AVEC UN PEU DE CHANCE, L'UN D'ENTRE EUX, CACHÉ DANS LES BUISSONS, NOUS ÉPIERA QUAND ON SORTIRA ET...
DES JONCS ! REGARDE !

JE VAIS TE MONTRER COMMENT ON JOUE AU SOUS-MARIN... HUMPF
MFF

GN GN GNN
MFF!

VOILÀ ! LE JONC EST CREUX, ALORS, QUAND TU PLONGES, C'EST PAR LÀ QUE TU RESPIRES...
!
BIEN SÛR, SOUS L'EAU, FAUT PAS LE LÂCHER...

SINON, TU BOIS LA TASSE ET...
KREUH KOHFF KOFF
?

TOME & JANRY

KREUHA! KOHFF! KHOFF!
?
134

SALLE DE GYMNASTIQUE
"MALADE"? COMMENT ÇA, "MALADE"?
BEN, "MALADE" M'SIEUR!
KRAK

Z'AVEZ UN CERTIFICAT MÉDICAL?
KRIK

" CHER MONSIEUR MÉGOT, JE SOUSSIGNÉ DOCTEUR BISTOURI, CERTIFIE QUE L'ÉLÈVE SPIROU GNAGNAGNA-DISPENSÉ DU COURS DE GYMNASTIQUE EN RAISON DE GNAGNAGNA ET GNAGNA, VOTRE DÉVOUÉ GNAGNAGNA!"
MOUAIS...

ALLÔ, DOCTEUR BISTOURI? C'EST POUR UNE VÉRIFICATION, C'EST BIEN VOUS QUI ...?
OUI?
BON.

C'EST BON POUR UNE FOIS...

ALLEZ ATTENDRE LA FIN DU COURS À LA SALLE D'ÉTUDES, Z'ÊTES EXEMPTÉ!
MAIS POUR CE QUI EST DES AUTRES ...

TOME & JANRY.

... CROSS DE VINGT KILOMÈTRES, COMME PRÉVU!
ET SANS EXCEPTION!
KRK